노만 빈센트 필 박사의
자 기 실 현

내 인생의 꿈과 목표를 틀림없이 실현시키는 지혜

자기 실현

노만 빈센트 필
이 희구 옮김

한마음사

Power of the Plus Factor
by Norman Vincent Peale
Copyright © 1987 by Norman Vincent Peale

역자서문

이 책의 저자인 노만 빈센트 필 박사는 『적극적 사고방식』으로 우리에게 친숙한 미국의 뉴소트(New Thought · 신사고) 철학계의 권위자이다.

이 뉴소트철학이란 강한 '신념'을 가지면 모든 난관을 돌파하고 많은 소망을 달성할 수 있음을 약속하는 것이다.

발명왕 에디슨도 뉴소트를 굳게 믿은 한 사람이었다. 그는 이렇게 말한다.

"만일 인간이 가지고 있는 능력을 모두 발휘했다면 인간은 자기 자신에 대하여 문자 그대로 깜짝 놀랄 것이다."

에디슨은 자신의 말대로 적극적 사고와 강한 신념으로 일관하여 놀라운 대발명을 이루어내고 자기실현을 성취했던 것이다.

그러나 우리가 살아가는 인생에서 큰 성공을 얻거나 큰 발전을 이루거나 하기까지는 갖가지 곤란이 기다리고 있는 것도 사실이다. 많은 고통과 만나는 것은 우선 피할 수 없다.

그런 때에 어떻게 하면 좋은가. 필 박사는 이 책에서 몇 개 장으로 나누어 자세한 조언을 하고 있다. 즉 갖가지 곤란이나 인생의 거

역자 서문
4

친 파도를 극복하고 놀라운 발전을 할 수 있도록 모든 면에서 자세히 설명해주고 있는 것이다.

"나로서는 도저히 할 수 없다."

"될 성싶지도 않다."

고 현재 생각하고 있는 사람도 이 책의 마지막 페이지까지 다 읽고난 뒤에는,

"나도 반드시 할 수 있다!"

"반드시 해내겠다!"

는 의욕이 생기고 전신에 에너지가 넘쳐나는 자신을 발견할 것이다.

이 에너지원, '플러스 인자'를 효율적으로 끌어내어 당신 속에 숨어있는 가능성에 불을 붙이고, 그것을 더욱 키우는 비결을 배우는 것이 이 책이 노리는 목적이다.

필 박사는 강력히 주장한다.

꿈을 가지라. 그리고 분명하게 꿈을 그린다. 그것을 강한 인내심으로 추구한다. 실현할 가치가 있는 꿈이라면 반드시 실현한다고 믿는다. 노력에 노력을 거듭하고 가일층의 노력을 거듭하겠다는 결의를 한다. 이상이 우리의 내면에 잠자고 있는 힘의 원천, 플러스 인자의 문을 여는 열쇠이다.

꿈은 덧없는 물거품이 아니다. 꿈의 실현에의 제1보이다. 가능성은 꿈 앞에 있는 것이다. 꿈이 없으면 일을 성취시킬 수 없다.

꿈을 품으라. 큰 꿈을 가지라. 꿈의 실현을 진심으로 소원하라. 그

역자 서문

리하면 뜻밖에도 그 바로 뒤에 플러스 인자가 용솟음칠지 모른다.

본문에서도 기술하고 있지만 필은 대학시대까지 열등감이 심한 가련한 젊은이였다. 타인 앞에 나서면 얼굴이 빨개지고 말을 제대로 하지 못했다. 또한 비쩍 마르고 볼품 없는 아이였다.

그러나 필은 대학시대가 끝날 무렵부터 차츰 진리에 눈을 떴다.

그렇지만 필이 걸어온 인생은 너무나 험난하다. 다 쓰러져가던 교회를 다시 일으켜 세우는 일이 연이어 주어졌던 것이다. 그 동안 어릴 때부터의 콤플렉스가 고개를 쳐들어 실망·낙담하는 일이 몇차례 있었다.

그러나 필은 마침내 진리를 깨달았다. 비록 자기가 아무리 무력하게 보이더라도 그래도 우주에 존재하는 보이지 않는 진리에 기초하여, 즉 플러스 인자에 의해 크게 비약·발전할 수 있음을 알았던 것이다.

필 박사는 이렇게 고백한다.

"나는 사고방식을 바꿈으로써 인생을 바꿀 수 있다는 것을 알았다. 서서히 자신을 가질 수 있게 되었다. 하겠다는 마음만 먹으면 힘은 나온다. 플러스 인자가 힘이 되어준다고 하는 것도 알았다.

나는 인생에서 가장 소중한 것을 알았던 것이다. 할 수 있다고 생각하면 할 수 있다는 것을."

그리고 필은 실제로 강한 끈기로, 긴 세월을 들여서 네 개의 쓰러져가던 교회를 하나씩 다시 일으켜세우는데 성공했다.

진리를 미처 모르는 동안에 크게 발전하는 사람도 있다. 그러나

역자 서문

진리를 알면 가일층 비약·발전이 확실해지는 것이다.

고난의 가시밭길을 걸어온 필이 설파하는 이야기는 당신에게 깊은 감동과 하겠다는 용기를 줄 것이다. 실망하고 침체의 늪에서 허우적거리는 사람들을 힘차게 격려할 것이 틀림없다.

특히 난관에 부딪쳤을 때, 괴로움으로 견딜 수 없을 때, 이러한 이야기는 당신에게 성공에의 노하우를 부여하는 동시에 당신을 비롯하여 모든 사람을 분기시킬 것임은 틀림이 없다.

누구의 인생에도 '불가능'은 없다!

이 책에 의해 당신이 당신의 '가능성'의 뚜껑을 한시라도 빨리 열고, 꿈을 확실하게 실현하고, 더욱 멋진 인생을 보낼 수 있기를 기도한다.

차 례

제1장 자기의 '가능성'을 믿으라
──당신의 내부에 잠들어 있는 '거대한 힘'을 끌어내라

누구든 자기 내면에 숨어있는 이 힘을 사용하면 뜻대로의 인생을 보낼 수 있다 13

남보다 특별나게 활력이 있는 사람은 플러스 인자를 능숙하게 사용하고 있다 15

'가능성의 문지기'는 당신 자신이다 17

제2장 '꿈'은 있는가
──'꿈'과 '노력'의 두 바퀴로 달림으로써 위대한 길이 열린다

당신의 닫힌 가능성의 뚜껑을 한시라도 빨리 열라 20

실업 중인 세일즈맨을 엄청난 성공으로 이끈 '꿈속에서의 가르침' 23

꿈을 '노력'으로 점화하라 26

'살 집도 보살펴줄 가족도 없는' 5세 소녀가 걸었던 의사에의 길 27

꿈의 크기에 비례하여 밀어주는 '후원자'가 늘어나는 법이다 30

제3장 '목표'를 가지라
──뜻이 높고 보람이 있는 목표는 있는가

'정처없는 배에게 바람은 결코 돛을 밀어주지 않는다 32

차 례

393통의 취직지원서를 내고 희망하던 회사에 들어간 청년의 집념 34
'목표를 발견하기 위한 5가지 힌트 36

제4장 '행동'을 일으키라
── 내일이면 늦다, 지금이 바로 최대의 기회이다
이것이 '어떤 상황이든 바꿔버릴 수 있는 마법의 말'이다! 47
'자기가 가장 두려워하고 있는 것, 불안한 것을 하라' 49
지금 즉시 행동을 일으키면 반드시 거기에서 빠져나올 수 있다! 52

제5장 끈기를 가지라
── '끈기'의 뿌리가 없는 꽃은 피지 않는다
이 세상에서 끈기만큼 만능의 특효약은 없다 56
사막에서 야채를 수확한 남자들의 '끈기' 59
의사의 힘 이상으로 '인내'가 질병을 고쳤다 62
'꼭 할 수 있다'는 신념은 시간에 비례하여 농축되어 간다 64

제6장 넘쳐나는 자신감
── 이 '플러스 사고'가 불가능을 가능으로 바꾼다
이상한 힘으로 윔블던을 정복한 18세의 신인 베카 69
'플러스 인자'가 예고하는, 미래의 자기 모습 71
일개 농부가 대회사의 사장이 된 '신념의 여행' 73
남보다 조금이라도 더 멀리까지 갈 수 있는가, 참아낼 수 있는가, 노력할 수 있는가 75
당신이 가지고 있더라도 깨닫지 못하는 우수한 능력이 고개를 내밀게 하는

차 례

계기 77

제7장 향상심을 연마하라
──적극적인 인간만이 '상승 지향의 인생'을 손에 넣을 수 있다
'할 수 없다'는 말의 '없다'를 지우는 지우개의 위력 80
'그밖의 많은 것' 중에서 반드시 뛰어나는 방법 82
당신이 '곤경'을 수신했다면 발신자도 당신이다 84
잠자리에 들어갈 때는 언제나 승자가 되라 86
계단 밑에서 4번째 단을 경계로 내 인생은 크게 바뀌었다 88

제8장 용기를 잃지 말라
──편한 길보다 '자기가 믿는 비탈길'을 돌진하라
'용기'가 갖는 놀라운 슈퍼 파워 91
'공포보다 큰 힘'에 압도되어 불속으로 뛰어든 주부 93
'용기'의 어깨에 의지하면 '기적'의 사다리에 손이 닿는다 95

제9장 마음에 여유는 있는가
──플러스 사고로 바꾸는 '마음의 다이얼'을 녹슬게 하지 말라
스트레스에 반드시 이기는 비법 99
'유해물'로 마음의 주머니가 부풀기 전에 해야 할 것 101
'미움·원한'의 무게로 올라가지 않게 된 오른팔 103

제10장 희망을 가지라
──미래에 눈을 돌리고 있으면 폭풍우가 빨리 지나간다

'어떻게든 된다'고 생각하면 새벽은 반드시 다가온다 108
'만일'이 아니라 '이 다음에는…'을 반복해 사용하라 110
고통스러울 때는 이 약을 하루 3회 복용하고 싶다 113
'어떤 폭풍우도 언젠가는 사라지는 것이다 114
인간은 여기까지 강해질 수 있다! 117

제11장 배려하는 마음
──자기 인생을 완전 연소시키고 있는 사람은 타인에게도 따스하다
'적극적 인생'을 보내기 위한 13가지 조건 122
인간은 어디까지 자기를 희생할 수 있는 존재인가 124
항상 상대의 입장이 되어 일을 생각하면 자기가 해야 할 것은 명백하다 126
자기의 '카르테'에는 과감히 높은 자기평가의 '소견'을 써넣으라 128
고통스런 것은 당신 혼자만이 아니다, 나약한 말을 하지 말라! 131

제12장 도전을 계속하라
──'인생의 거친 파도'는 당신을 크게 성장시키는 장애물이다.
장애물을 넘을 때마다 다음 장애물은 낮게 보인다 135
역경을 거름으로 삼는 사람, 짓눌리는 사람 137
'좋다, 왔구나' 하고 기꺼이 역경과 맞서서 싸우라 138

제13장 강한 신념을 가지라
──자기실현에의 '최단거리'를 발견하는 법
'루르드의 물의 기적'의 비밀 144

차 례
II

원시림의 초자연적인 힘 속에서 자란 링컨의 흡인력 147
'자기실현'을 가장 심하게 방해하는 것 150

제14장 '열의'를 삭이지 말라
── 열성적인 사람이 아니면 기회는 찾아오지 않는다

적극적인 인간 시늉을 내면 뒤를 돌아볼 틈이 없다 153
시작하기 전부터 '어리석다' '부끄럽다'는 금물 155
아무리 고통스러워도 '그만둔다, 포기한다'는 말이 머리에 떠오르지 않는
  이유 157
무엇인가에 열중하면 '목표·인내·노력·의지'는 뒤에서 따라온다 159

제15장 진정한 행복이란
── 성공의 '대소'가 아닌 인생의 '충실도'가 중요하다

진정한 성공자는 타인이 아니라 자기에게 이기는 것을 항상 생각하고 있다
  163
'한 단계 높은 곳'에 오르기 위한 재능의 현명한 사용법 165
뉴욕에서 최고인 스테이크의 숨은 맛 167
일생에 6번밖에 행복을 느끼지 못한 나폴레온 170
'인간의 첫 번째 의무는 행복을 발견하는 것이다' 172

제16장 활력을 살리는 건강법
── 힘찬 인생을 보내기 위한 '체력과 기력'을 기르는 비결

우리들 부부가 건강한 생활을 보내는 비결 175
'이른 취침·이른 기상·검소한 식사·자주 걷는 것' 177

마음고생·걱정은 질병의 강력한 아군 *179*
자기를 괴롭히고 있는 것을 삼키려고 하기 때문에 비만해진다 *181*
일찍 늙는 사람은 슬픔이 가득찬 '옛 서랍'을 빈번하게 여는 사람 *183*

제17장 실패에 꺾이지 말라
── 성공에로 크게 전진하기 위한 '곤란' 활용법
어찌할 수 없이 고통스러운 기분을 전환한 친구와의 두 시간의 회화 *187*
나는 스스로 생각하고 있는 것보다 훨씬 큰 인간이다 *189*

제18장 어떻게 나이를 먹는가
── 마음가짐 하나로 '자극에 찬 생활'도 '충실한 생활'도 손에 넣을 수 있다
'나이를 먹으면 운전을 그만두겠다'고 대답한 94세의 여성 *193*
어떻게 나이를 먹는가──9가지 힌트 *196*

제19장 인생을 어떻게 살아야 하는가
── '진정한 행복'과 '성공'을 약속하는 인생의 근본자세
인생의 근본자세 10항목 *202*
좌절했을 때의 재기방식으로 알 수 있는 인간의 진가 *206*
'역경'은 더욱 멋진 인생을 위해 내딛는 점프대로 생각하라! *206*
이웃의 꿈의 실현에 조력하면 자기의 잔디도 아름다워진다. *208*
인생의 갖가지 산을 발견하고 적극적으로 올라가 보라 *210*

제1장
자기의 가능성을 믿으라

당신의 내부에 잠들어 있는
'거대한 힘'을 끌어내라.

누구든 자기의 내면에 숨어있는 이 힘을 사용하면 뜻대로의 인생을 보낼 수 있다!

'당신의 내면에는 자기의 인생을 180도 전환할 수 있는 힘이 숨어 있다.

그 힘은 눈에도 보이지 않고 손으로 만질 수도 없지만 확실히 당신의 내면에 존재한다.

그것을 적절히 끌어내면 당신은 극적인 변모를 이루어 지금과는 전혀 다른 인간으로 변신할 수 있다. 지금까지보다 늠름하고 자신이 넘치며 조화가 잡힌 인간, 어떤 곤란에도 꺾이지 않고, 날이 갈수록

제1장 자기의 가능성을 믿으라

복잡해져가는 현대사회에도 적절히 대처할 수 있는 인간. 지금까지 실패만 했던 사람은 성공하는 비밀을 알고, 자주 병치레를 하던 사람은 건강해지고, 자신이 없었던 사람은 자신감을 가질 수 있게 된다.

그뿐만이 아니다.

마음을 열고 이야기할 수 있는 친구들도 얻게 될 것이다. 골치아픈 문제도 해결될 것이다. 지금까지와 같은 활기없는 생활과는 작별을 하고, 지금까지 전혀 알지 못했던 새로운 세계──사는 것에 열중하게 되고 활력이 넘치고 사람들과 마음이 통하고 기쁨에 넘친 세계에 발을 들여놓을 수 있을 것이다.

만일 내가 그런 말을 한다면 당신은 어떻게 생각할 것인가?

그런 힘이 있다면 꼭 찾아내고 싶다, 그것은 대체 어떠한 것인가, 어디에 그런 힘이 있는가, 어떻게 하면 발견할 수 있는가, 그것을 이끌어내려면 어떻게 해야 좋은가 하고 반드시 관심을 보일 것이다.

하기야 그것에 대한 답은 근본적으로는 너무나도 단순한 것이라서 맥이 빠질지도 모르지만······.

잘 아시는 바와 같이 이 지구상의 생물은 생명의 원천이라고도 할 '생명력'이라는 것을 가지고 있다. 그것이 있기 때문에 우리는 살아있는 것인데, 만일 그것이 없다면 우리는 죽는다. 이 '생명력'은 우리 인간 한 사람 한 사람에게 신이 부여하신 것이다.

즉 그 생명력을 응축하고 추출하여 그것을 최대한 우리들의 생활에 활용해 보고자 하는 것이다.

제1장 자기의 가능성을 믿으라

인간이란 자기의 생명력을 바르게 이해하고, 그것을 최대한 끌어내어 자기 생활에 도움이 되게 하고자 할 때 뜻밖의 힘을 발휘하는 것이다.

나는 이것을 플러스 인자라고 부르고 있다.

남보다 특별나게 활력이 있는 사람은 플러스 인자를 능숙하게 사용하고 있다

세상에는 남보다 유별나게 적극적인 사람, 활력이 있는 사람, 정열적인 사람 등이 있는데 그런 사람들에게는 공통적으로 '특수한 어떤 것'이 있는 것이 아닐까? 그것이 바로 플러스 인자이다.

그러한 사람들은 보통사람보다 높은 곳에 목표를 설정하고 종종 그것을 달성한다. 불운이나 역경에 구애받지 않는다. 서글픈 일이 있더라도 그것을 털어버리고, 어디를 가든 항상 따스하고 호의적이고 사람들에게 용기를 준다. 즉 자기 속의 플러스 인자를 최대한 살려 생활을 하고 있는 것이다.

그러한 사람이 있다는 것은 알고 있다. 그렇지만 문제는 바로 나다. 여기 있는 나는 어떻게 하면 그 '특수한 어떤 것'을 손에 넣을 수 있겠는가? 플러스 인자는 어디에 있는가, 그렇게 묻는 사람도 있을 것이다.

이것에 대한 답도 지극히 간단하다.

그것은 다른 어디에도 없다. 당신 자신 속에 있는 것이다.

제1장 자기의 가능성을 믿으라

처음에 신이 인간을 만드셨을 때 어떻게 사업을 진행하셨는가를 생각해주기 바란다.

나는 이렇게 생각하기를 좋아한다.

신은 우선 우리 인간의 몸을 머리끝에서 발끝에 이르기까지 만드셨는데, 그 때 뼈, 피부, 신경 그밖의 모든 기관이 서로 조화를 이루도록, 생명이 있는 한 하나의 정교한 기계처럼 작동하도록 만드셨다. 그리고 마지막으로 한 가지를 덧붙이셨다. 내가 플러스 인자라고 부르는 것——인간의 정신에 깃들어있는 훌륭한 어떤 것을 불어넣으셨던 것이다.

이것은 어떤 사람에게나 분명하게 들어있다. 그러므로 찾을 필요는 없다. 원래 당신 속에 있는 것이다.

그렇지만 꼭 한 가지 주의해야 할 것이 있다. 그것은, 플러스 인자는 지금도 말한 바와 같이 누구에게나 있지만 가만히 내버려두더라도 자연스레 기능하는 것은 아니라는 점이다. 누군가가 의식하고 움직여 주지 않으면 언제까지나 잠들어 있는 상태이다.

그렇기 때문에 어떤 사람에게서는 플러스 요인이 많이 느껴지고 어떤 사람에게서는 거의 느껴지지 않는 것이다. 플러스 인자가 많이 느껴지는 사람이란, 어떻게 하면 자기 내면에 잠들어 있는 플러스 인자를 끌어낼 수 있는가를 몸소 알고 있는 사람이다.

이 훌륭한 힘을 밖으로 표출해 보고 싶다면 다음에 드는 아주 초보적인 네 가지를 해주기 바란다.

◎ 플러스 인자는 몇세기에 걸쳐서 현인들에게 주목을 받고 유용

제1장 자기의 가능성을 믿으라

하게 이용되어온 것으로, 그것은 결코 허풍도 엉터리도 아니라는 것을 인정한다.

◎ 플러스 인자는 원래 자기 내면에 들어있는 것으로 그것을 밖으로 끌어내기 위해서는 통로만 만들어주면 된다는 것을 이해한다.

◎ 플러스 인자를 자기 인생에서 유용하게 사용하겠다고 생각할 것. 생각하는 이상 소극적이거나 주저하거나 하는둥 마는둥 해서는 안된다. 본격적으로 그것을 바랄 것이다. 또한 지금 원하는 것이어야 한다.

◎ 지금까지는 이 힘을 깨닫지 못했다. 그런 탓도 있어서 오히려 자기자신이 장애가 되고 있었다. 앞으로는 생각을 바꾸어 그 장애물이 없어지도록 노력하겠다고 맹세한다.

그 다음에는 시작만 하면 된다.

가능성의 문지기는 당신 자신이다

플러스 인자를 끌어내어 활기찬 인생을 보내고 싶다고 생각한다면 일정한 법칙에 따른 사고방식, 행동방식을 익히고 어떤 종류의 인간이 될 필요가 있다.

이것은 그다지 어려운 것이 아니다. 그리고 그에 대한 안내를 하고자 하는 것이 이 책의 주목적이다.

그러나 아무런 고생도 하지 않고 탁월한 힘을 끌어낼 수 있는 것은 아니다. 앞에서도 말했듯이 플러스 인자가 스스로 기능하는 일은

제1장 자기의 가능성을 믿으라

없다. 누군가가 움직여 주어야만 한다. 그것을 하는 것이 당신 자신이다. 장애물을 제거하고 플러스 인자라는 발전기가 밖을 향해 송전할 수 있도록 하는 것은 당신의 역할이다.

플러스 인자가 활동하고 있는 사람과 그렇지 않은 사람은 대개 첫눈에 알아볼 수 있다.

가령 젊은 여성이 머리를 바람에 흩날리면서 그야말로 건강하고 활기차게 거리를 활보하고 있다. 투명한 눈동자에는 자신감이 넘쳐 있고, 걷는 걸음걸이에서는 강한 의지가 느껴진다. 그러한 사람을 본다면 즉시 알게 될 것이다.

"이것이다! 이 사람은 플러스 인자를 끌어내고 있다. 이 사람에게서는 플러스 인자가 느껴진다"고.

그와는 반대로 어깨가 축 늘어지고 눈은 허공을 방황하고, 쭈그리고 앉아 담벼락에 등을 기대고 있는 가련한 부랑자를 본다면 첫눈에 플러스 인자가 잠에 빠져 있다는 것을 알 수 있을 것이다. 그러한 사람은 귀중한 플러스 인자를 가지고 있으면서도 술, 마약, 범죄, 질병, 불안감의 어느 한 가지 또는 모두로 출구를 가로막고, 살아있는 것조차 위태로운 상태에 몰려있는 것이다.

때로는 분명히 실력이 있으면서도 그것을 마음껏 발휘하지 못하고 실력 이하의 생활에 안주하고 있는 사람들을 발견하는 일이 있는데, 그러한 사람들도 플러스 인자를 충분히 활용하고 있다고는 말할 수 없다.

어떻게 하면 플러스 인자를 불러낼 수 있는가? 구체적인 안내서

제1장 자기의 가능성을 믿으라

같은 것은 없다. 만일 있다면 우리 인간은 지금보다 훨씬 재능을 꽃피웠을 것이다.

그렇지만 플러스 인자를 믿고 의지하고, 그것을 향해 마음을 열면 열수록 목표는 달성될 수 있을 것이고 꿈은 실현될 것이다. 또한 언제까지나 기력이 충만하고 긴장감이나 불안에도 강해질 것이다. 그리고 정신적으로 성장하리라는 것도 틀림이 없다.

이 책에서는 인생의 주요한 국면에서 플러스 인자가 어떻게 문제를 안은 사람들이나 의기소침한 사람에게 도움을 주어왔는가를 구체적으로 제시하면서 당신이 자기의 플러스 인자를 발견하고, 실제로 유용하게 사용하는데 도움을 주고자 의도하고 있다. 자기 가능성을 더욱 깊이 이해하고 그것을 끌어내는 것——그것이 이 책의 목적이라고 말할 수 있다.

그럼 플러스 인자의 최초의 출구라고 할 수 있는 인간의 훌륭한 상상력——'꿈을 그린다'는 것에서 시작하기로 하자.

제2장

'꿈'은 있는가

— 꿈과 노력의 두 바퀴로 달림으로써
위대한 길이 열린다

당신의 닫힌 가능성의 뚜껑을 한시라도 빨리 열라

　당신은 자신이 가지고 있는 힘을 충분히 발휘하고 있지 못하다고 느꼈던 적이 있는가? 자기에게는 더 많은 에너지가 있을 것이고 상상력도 풍부할 것이다, 문제를 해결하는 힘도 더 있을 것이다── 그런 식으로 느꼈던 적은 없는가? 만일 있다면 그것은 당신만이 아니다. 누구든 그렇게 느낄 때가 있는 것이다.
　그렇다면 왜 우리는 순간적으로는 힘을 발휘할 수는 있어도 항상 힘을 완전하게 발휘할 수 없는 것일까?
　그것은 스스로 힘의 출구에 뚜껑을 닫고 있기 때문이다. 자기도

제2장 꿈은 있는가

모르게 뚜껑을 닫고 있는 경우도 있고 무서워서 뚜껑을 닫고 있는 경우도 있다. 미움이나 질투, 불안, 비관적인 견해, 자기 본위의 언동 등이 방해를 하고 있는 경우도 있다. 물론 뚜껑의 틈새에서 어떻게든 살아나갈 수 있을 정도의 힘은 내고 있을지도 모른다. 그렇지만 그것은 본래 넘칠듯이 흘러나오는 힘과는 전혀 비슷하지 않다.

다행스럽게도 인간의 사고방식이나 행동양식에는 힘을 내기 어렵게 하는 것이 있는 한편으로, 내기 쉽게 하는 것도 있다. 그리고 힘을 내기 쉽게 하기 위해 우선 우리들이 해야 할 것은 꿈을 그리는 것이다.

꿈이라고 해도 잠자고 있는 동안에 꾸는 꿈이 아니다. 우리는 무엇인가 보람이 있는 것을 시작하려고 할 때, 우선 마음에 막연한 희망을 품거나 어렴풋이 정경을 그리거나 하고, 약간의 상상력을 작용시키는 일이 있을 것이다. 그러한 꿈을 말한다.

이와 같은 꿈에는 멋진 효과가 있다. 왠지는 알 수 없으나 꿈을 그린다는 행위 속에 이미 실현의 씨앗이 뿌려져 있는 것 같다. 꿈을 오랫동안 열심히 그리고 있으면 하나의 문이 열리고, 거기서 힘이 넘쳐나와 꿈의 실현을 도와준다──그러한 느낌이다. 다른 말로 표현하면 머리 속에서 이미지하면 플러스 인자가 힘을 보내기 시작하는 것이다.

이러한 이야기를 하면 머리가 옹졸한 현실주의자는 콧방귀를 뀌며 웃을지도 모른다. '꿈을 꾼다'는 말에는 불확실하고 어딘가 비현실적인 여운이 있기 때문일 것이다.

제2장 꿈은 있는가

나는 젊었던 시절 엄격했던 큰아버지 하셸과 나누었던 이야기를 지금도 잊을 수가 없다.

큰아버지는 실업계의 거목이라고도 할 유력자였는데 이따금 퉁명스런 얼굴로 사람을 대할 때도 있는 사람이었다.

나는 돈을 빌리지 않고는 대학에 갈 수 없었다. 큰아버지 하셸은 친척 중에서도 특히 돈을 많이 가지고 있는 사람이었으므로 나는 이 분에게 학비를 빌렸다. 대학을 졸업하고 이번에는 대학원에 가고 싶었으므로 나는 또 돈이 필요해졌다. 그래서 다시 큰아버지를 찾아갔다.

"큰아버님, 저는 아직 학비를 다 갚지 못했습니다. 그렇지만 한번 더 빌리고 싶습니다."

큰아버지는 별로 반기는 기색이 아니었다.

"뭐하는데 돈이 필요하지?"

큰아버지는 이유를 물었다.

"성직자가 되고 싶어요. 세상에는 구원을 바라는 사람들이 많이 있습니다. 사람들의 도움이 되는 일을 하고 싶습니다. 그러한 꿈을 가지고 있습니다."

큰아버지는 코웃음을 쳤다.

"꿈얘기냐? 사람은 꿈만으로는 먹고 살 수 없어."

백부가 있는 뒷쪽 벽에는 미합중국의 독립선언 사본이 액자에 넣어 장식되어 있었다. 나는 큰아버지가 독립선언에 각별한 애착을 가지고 있음을 알고 있었다. 그래서 그것을 가리키면서 이렇게 말했다.

제2장 꿈은 있는가

"저것도 그 당시로 말하면 꿈이었습니다. 저 글 위에 서명한 사람들도 꿈을 가지고 있었습니다. 자유의 나라를 만드는 꿈을……. 저것은, 그 꿈을 구현시킨 것입니다. 저와 큰아버지가 지금 여기에 이렇게 자유롭게 있을 수 있는 것은 저 사람들의 꿈 덕분입니다."

큰아버지는 잠시 불만스러운 푸념을 했지만 결국에는 돈을 빌려주셨다. 내가 돈을 갚는 모습을 상상했을 것이다. 그리고 나도 그렇게 했다.

실업 중인 세일즈맨을 엄청난 성공으로 이끈 '꿈속에서의 가르침'

한 사람의 의지가 강한 인간이 일단 하나의 꿈을 고집하고 그 실현을 향해 플러스 인자를 쏟아붓는다면 어떻게 될까?

그것을 나타내는 놀라운 예는 많이 있다.

윌리암 로이드 개리슨이 살아있던 2백년쯤 전의 미국은 노예제도가 당연한 듯이 받아들여지고, 그것이 바람직한 상태라고까지 생각되고 있던 시대였다.

그런 시대에 개리슨은 깊이 생각한 끝에 노예제도는 신과 인간에 대한 모독이라는 결론을 내렸다. 그는 노예가 없는 나라를 꿈꾸기 시작했다. 혼자서라도 할 수 없는 것은 없다고 생각하기 시작했다. 그리고 이 이루어질 리도 없는 꿈을 마음에 그리면서, 자기에게 이렇게 말했다. "이 나라에서 노예제도를 몰아내고 말겠다."

제2장 꿈은 있는가

개리슨이 넘어야만 할 장애물은 헤아릴 수 없이 많았다. 교회는, 이것은 신에 의해 정해진 제도라고 말했다. 주요 정치가는, 이 나라는 노예제도의 기반 위에 성립되어 있다고 말했다.

이와 같이 개리슨이 감히 자기꿈을 추구하려 했던 시대는 남부뿐만 아니라 북부에서도 노예제도가 경제적인 기반이 되고 있었던 것이다.

그래도 개리슨은 자기 내면에 있는 플러스 인자에서 꿈틀거리는 힘을 끌어내고, 꿈을 응고시켜 만든 망치를 거대한 바위와도 같은 노예제도 위에 내리쳤다. 사람들은 비웃었다. 그러나 해가 가고 달이 가도 개리슨의 망치소리는 그치지 않았다.

이윽고 그것은 강력하고 거대한 망치가 되고 미국 전토에 그 소리가 울려퍼질 정도가 되었다. 그리고 단단하여 꿈쩍도 하지 않을 것같았던 노예제도라는 거대한 바위에도 마침내 금이 생겼다. 놀랍게도 노예제도는 결국 미국에서 비합법화되기에 이르렀던 것이다.

그로부터 100년 후, 마틴 루터 킹은 인종 차별과 편견이 없는 세상에 대하여 이야기했을 때 이렇게 말했다.

"나는 그 날이 오리라는 것을 꿈꾸고 있습니다."

꿈을 품고 있는 사람은 거의가 낙천주의자이다. 사물의 비관적인 부분만을 보는 사람――이른바 비관주의자는 좋은 일은 일어나지 않는다고 생각하고 있지만, 꿈을 가지고 있는 사람은 어떤 멋진 일이라도 실현할 수 없는 것은 없다고 믿고 있다. 그렇게 믿기 때문에 힘이 솟아나고 항상 자기를 분기시킬 수 있는 것이다.

제2장 꿈은 있는가

이따금 인간의 무의식의 생각이 실제의 꿈——잠들어 있는 사이에 꾸는 꿈——을 통하여 현재 안고 있는 문제의 해결법을 제시해 주는 일도 있는 것 같다.

수년 전에 텍사스에 짐 헤드라는 실업 중인 세일즈맨이 있었다. 그는 좀처럼 마땅한 일자리를 구할 수가 없어 어머니의 장기인 치즈케익을 구워 친구들에게 팔면서 나날의 양식을 구하고 있었지만 그 수입만으로는 옴짝달싹 할 수 없는 상태였다.

그러던 어느날 밤, 짐은 평소에는 도저히 생각도 할 수 없는 재료를 사용하여 자기가 케익을 굽고 있는, 실로 선명한 꿈을 꾸었다. 눈을 떴을 때에 중조(重曹)를 몇 그램 넣었는지 분명하게 기억하고 있을 정도였다.

너무나도 선명하게 기억하고 있었으므로 짐은 부엌으로 들어가 꿈과 완전히 똑같은 분량으로 케익을 굽고, 놀러 온 근처 사람에게 그것을 먹어보게 했다. 그 사람은 무의식 중에 외쳤다고 한다.

"야프(야성적인데), 이건 정말 맛있어."

이것이 텍사스 주의 방식으로 구워져 엄청나게 팔린 야프 케익의 유래이다.

짐 헤드는 과자를 만들어본 경험도 없었고 식품 판매에 대한 지식도 없었다. 그렇지만 그런 것을 전혀 개의치 않았던 것은 그날밤 꾸었던 자기를 몰아세우는 듯한 꿈과, 그것에 이어 갑자기 활동을 시작한 플러스 인자가 힘과 낙천성을 부여해 주었기 때문이다.

현재 짐은 성공하여 행복한 삶을 살고 있다.

제2장 꿈은 있는가

꿈을 노력으로 점화하라

꿈에 나이나 인종 또는 국적의 구별은 없다.
얼마 전에 일본에 갔을 때의 일이다.
나는 도쿄의 도심에서 약간 떨어진 야마노테에 있는 작고 아담한 신축호텔에 체재하고 있었다. 호텔의 서비스가 정말로 극진했기에 나는 그곳을 떠나기 전에 주인에게 한마디 인사를 하고 싶다고 말했다. 주인은 위풍당당한 일본인으로, 나도 몇 번인가 교토에 갔을 때 체재했던 일이 있는 호텔을 경영하는 인물이기도 했다.
80세가 되었다는 그 사람은 아직도 활력과 활기로 넘치고 있었다. 나는 물었다.
"대개의 경우라면 벌써 은퇴해도 이상하지 않을 나이인데 이렇게 근사한 호텔을 새로 세우다니 정말 굉장한 에너지입니다. 어떻게 해서 이렇게 커질 수 있었습니까?"
그 사람은 대답했다.
"아시는 바와 같이 나는 이곳 외에도 네 개의 호텔을 가지고 있습니다. 내가 늘 마음에 품고 있는 것은 좋은 숙박시설을 만든다는 꿈이었습니다. 목표를 세운 것은 아주 어린 시절이었습니다. 나는 그 꿈이 실현되도록 기원했습니다. 이루어진다고 믿었습니다. 그리고 이루어졌습니다.
우선 꿈을 가져야 합니다. 꿈을 가졌다면 다음에는 그것을 향해

제2장 꿈은 있는가

노력하는 것입니다. 꿈을 가지고, 그것을 향해 노력한다면 꿈은 반드시 이루어집니다. 미국에서도 그것은 마찬가지가 아닐까요?"

나는 그렇다고 대답했다. 그리고 작은 탄산음료 가게로부터 시작한 친구 빌 마리오트가 무일푼에서 호텔왕으로 올라선 이야기와, 레스토랑 웬디스의 창설자이며 지금은 회장이기도 한 데이브 토마스가 원래는 애너폴리스의 하찮은 접시닦기에 불과했다는 것 등을 이야기했다.

그렇긴 해도 그들은 어째서 그 위치에 안주하지 않았을까? 그것은 꿈이 있었기 때문이다. 데이브의 경우에서 말하면 고급스런 햄버거만을 제공하는 레스토랑을 경영하는 꿈이 있었기 때문이다. 꿈을 가지고 그것을 향해 노력한다──여기서도 이 폭발력을 간직한 두가지 요소가 결합하여 플러스 인자를 해방하고 데이브를 성공으로 밀어올리고 있다.

살 집도 보살펴줄 가족도 없는 5세 소녀가 걸었던 의사에의 길

어린 시절부터 쭉 마음에 품어왔던 꿈은 반드시 그 사람의 인생을 좌우할 것이 틀림없다.

도로시 브라운의 경우도 그러했다. 보통사람들은 도저히 이룰 수도 없는 꿈을 가슴에 품은 것은, 이 흑인 소녀가 어렸던 시절 뉴욕의 트로이 고아원에서 양육되고 있을 때였다.

제2장 꿈은 있는가

　도로시는 5세 때에 편도선 적출의 수술을 받기 위해 입원했다. 그런 경우에, 그 정도 나이의 아이라면 대개는 무서워하거나 불안에 빠지거나 하는 법이다.
　그러나 도로시는 그렇지 않았다. 그녀는 자기 주위를 에워싼 의학의 세계에 완전히 매료되어 버렸다. 병을 고친다거나 부러진 뼈를 원래대로 치료한다거나 고통을 완화시켜 주거나 하면서 거기서 일하고 있는 사람들——도로시는 그때 그 자리에서, 나도 어느 날인가 저 사람들의 동료가 되고 싶다고 마음속에 결심했다고 한다. 겨우 5살 먹은 소녀가 "될수만 있다면 나는 의사가 되고 싶다"고 목표를 정했던 것이다.
　거의 불가능에 가까운 꿈이었다. 미혼모 슬하에서 태어나 양육할 경제력이 없다는 구실로 고아원에 넣어졌던 것이다. 다른 아이가 고등학생이 될 나이에는 밖으로 나가 일을 해야만 했다. 고아원 밖에 친구들이 있는 것도 아니고, 가족이 있는 것도 아니었으며, 의지할 수 있는 사람이라곤 한 사람도 없었던 것이다. 그렇지만……
　그렇지만 이 소녀의 가슴에서 일렁이는 작은 횃불은 이윽고 역력한 불꽃이 되었다. 그 불꽃은 예측되는 장애나 장애가 일어날 수 있는 가능성을 모두 무시하고 타올랐다. 플러스 인자에 의해 숨결을 부여받은 불꽃. 그러므로 결코 꺼지는 일이 없었다.
　어느 날의 일이었다. 도로시는 원장에게 물었다.
　"다른 아이들에게는 찾아와 주는 사람이 있는데 왜 나에게는 아무도 와주지 않나요?"

제2장 꿈은 있는가

마음씨가 상냥한 원장은 자기가 다니고 있던 교회 친구들에게 그 이야기를 했다.

코핀이라는 백인 가족이 도로시를 만나러 왔다. 도로시는 의사가 되겠다는 꿈을 이야기했다. 코핀가의 사람들은 웃어 넘기지 않고 귀를 기울여 주었다. 가능성이 있다고는 생각하지 않았으나 진지하게 이야기를 듣고 애정을 담아 격려의 말을 건네주었던 것이다.

당시 고아원의 관례로서 도로시는 14세가 되자 식모로서 일하러 나갔다. 보수는 일주일에 14달러였다. 하루로 따지면 2달러이다.

그녀가 일하러 다니던 집에는 책이 많이 있었고 도로시는 그것을 자유롭게 읽어도 좋다는 허락을 받았다.

2년간에 5백 달러를 모았다. 도로시는 고등학교에 입학하기로 했다. 교무실에서 주소가 어디냐는 질문을 받고 도로시는 주소도 가족도 일도 없다고 말했다.

그렇지만 플러스 인자의 활로를 열어놓고 있을 때는 웬지 모르지만 누군가가 그 사람에게 도움의 손길을 건네고 싶어지는 법이다. 고교 교장은 도로시의 이야기를 듣고는 그녀를 하숙시켜 주겠다는 부부를 찾았다. 도로시는 돈을 낼 수 있는 한 하숙비를 지불했으나 돈이 떨어졌을 때에도 이 부부는 도로시를 그대로 거기에 살게 해 주었다.

제2장 꿈은 있는가

꿈의 크기에 비례하여 밀어주는 후원자가 늘어나는 법이다

　고등학교를 졸업하자 다시 가정부의 일로 돌아가 대학에 갈 비용을 벌어야만 했다. 당시의 급료로는 11년이 걸려야 하는 계산이었다. 그렇지만 도로시는 꿈을 버리지 않았다. 밤마다 꿈을 실현할 수 있게 해달라고 신에게 기도했다. 규정시간 외에도 일했다. 다른 일도 맡아서 했다. 무엇인가가 그녀에게 인내심과 저력을 주고 있었다. 그것은 플러스 인자임에 틀림없다고 나는 생각하고 있다.
　그녀를 고용했던 한 사람이 도로시가 의사가 되는 꿈을 가지고 있다는 이야기를 듣고 노드캐롤라이나의 감리신학대학에서 장학생을 모집한다는 이야기를 가르쳐 주었다. 도로시는 응모했다. 그리고 장학금을 얻게 되었다.
　대학에서는 자연과학과 의학과 진학과정의 모든 학점을 취득했다. 그리고 마침내 졸업했다. 그러나 이번에는 의학부로 갈 돈이 없었다.
　인간이 정말로 하려는 마음을 가지고 목표를 향해 매진하고 있을 때에는 전 세계를 휘말려들게 하는 사건이라도 그 사람의 편이 되어주는 일이 있는 법이다. 때마침 시작된 제2차 세계대전이 인재부족을 초래하고 육군이 무기창고의 검사관에 이과계통의 여성을 채용하기 시작했던 것이다.
　도로시 브라운은 거기서 2년간 2천 달러를 모았다. 충분한 금액이

제2장 꿈은 있는가

라고는 할 수 없었으나 더이상 기다리지 않았다. 그녀는 테네시 주 내슈빌의 미하리 의과대학에 입학했다. 학비가 부족해지면 친구들이 지원금을 모금해 주었다. 이렇게 해서 한 사람의 친구도 없었던 뉴욕 주 트로이 시의 고아원 출신 작은 소녀는 마침내 의사가 되었다.

꿈이 현실이 된 것에 대하여 브라운 의사는 어떻게 느끼고 있을까? 그녀는 아주 단순하게, 자신은 지금 5살 때에 꿈꾸었던 대로의 인생을 보내고 있다고 생각하고 있다. 인간에게는 각기 저마다 재능이 있듯이 꿈을 가지고 그 재능을 꽃피울 권리도 있다. 그렇게 믿고 있다.

"아무리 실현 불가능하게 보이는 꿈이라도, 그런 것은 문제가 아닙니다. 의지를 강하게 갖고 자신을 믿고 꿈을 실현시키는 노력을 계속해 나가면 혼자서는 도저히 할 수 없는 것이라도 누군가가 다가와 반드시 도와줍니다."

그녀는 그렇게 말했다.

분명하게 꿈을 그린다. 그것을 강한 인내심으로 추구한다. 실현할 가치가 있는 꿈이라면 반드시 실현한다고 믿는다. 노력에 노력을 거듭하고 가일층의 노력을 거듭하겠다는 결의를 한다. 이상이 우리들 내면에 잠자고 있는 힘의 원천, 플러스 인자의 문을 여는 열쇠이다.

꿈은 덧없는 물거품이 아니다. 꿈은 실현에의 제1보이다. 가능성은 꿈의 앞에 있는 것이다. 꿈이 없으면 일을 성취시킬 수는 없다.

꿈을 품으라. 큰 꿈을 가지라. 꿈의 실현을 진심으로 소원하라. 그리하면 뜻밖에도 그 바로 뒤에 플러스 인자가 용솟음칠지도 모른다.

제3장

목표를 가지라

——뜻이 높고 보람이 있는
목표는 있는가

정처없는 배에게 바람은 결코 돛을 밀어주지 않는다

꿈을 마음에 그리고 우선 자기의 플러스 인자를 해방했다고 하자. 그 다음에 해야만 할 것은 무엇인가?

플러스 인자를 계속 부풀리는 것이다. 우선은 그리던 꿈에 가공을 하는 데서 시작하자.

꿈을 손으로 주물러 만들고 잘 관찰하고 필요한 것 이외에는 깎아내는 것이다.

당신은 꿈에서 현실에의 가교를 놓아야 한다. 가교를 건너가야만 한다. 바꿔말하면 목표를 세워야만 하는 것이다.

제3장 목표를 가지라

4세기쯤 전에 프랑스의 유명한 수필가 미셸 몽테뉴 백작이 이런 글을 썼다.
"목적지가 없는 배에 바람은 결코 돛을 밀어주지 않는다."
몽테뉴 백작이 말하고 싶었던 것은 분명한 목표를 갖지 않은 사람은 언제나 같은 장소를 맴돌고 있을 뿐, 목적지도 없고 사기도 오르지 않고 아무리 시간이 흘러도 어디에도 도달할 수 없다는 말일 것이다.
이 말은 당시와 마찬가지로, 아니 그 이상으로 현대에도 통용한다고 생각한다.
당시와 비교하면 지금의 세상은 훨씬 복잡해지고 경쟁도 치열해지고 있다. 이와같이 눈이 핑핑 돌아가고 고도로 세분화된 세상에서는 스스로, 명확하고 신중하고 무리가 없는 목표를 정하지 않는 한 헛되이 떠내려가기만 할 뿐, 바람이 돛을 밀어주지는 않는다.
그러므로 구체적이고 명확한 목표를 세워보라. 일이 뜻대로 진척되지 않을 때도, 의기소침해 있을 때도, 또는 실제로 중도에 발이 걸려 넘어졌을 때도 포기하지 말고 이 목표를 계속 밀고 나가라. 그리고 조금씩 결승점을 향하고 있는 자신과, 최후에 그 결승점에 도달한 자신을 그려보라.
그러면 몸속에서부터 힘이 솟아오르고 어떻게도 억제할 수 없게 될 것이다. 그것이 플러스 인자이다. 일단 플러스 인자가 모습을 나타내고 활동을 시작하면 힘과 자신이 넘칠듯이 출렁이고 어떠한 장애에도 겁을 내지 않게 된다.

제3장 목표를 가지라

393통의 취직지원서를 내고 희망하던 회사에 들어간 청년의 집념

한 가지 예를 소개하겠다. 펜실베이니아 동부의 작은 농촌에 사는 청년의 이야기이다.

그 작은 마을의 고등학교를 졸업한 월터 하터는 아주 평범한 청년에 불과했다. 어린 시절 골절로 다리를 약간 절뚝거리는 것을 제외하면 가정이 가난하여 대학 진학을 포기하지 않을 수 없었던 아주 평범한 청년이었다.

농업에 종사하고 있는 사람이라면 누구나 인정하듯이 월터가 사는 지역도 다른 곳과 마찬가지로 어떤 직종의 일이든 좀체로 일자리를 구할 수 없는 상태였다.

그렇지만 이 젊은 청년의 마음에는 꿈과 그것을 실현시키는 방법이 꿈틀거리고 있었다. 꿈과 방법——이 두 가지가 하나로 합치게 되면 목표는 설정되기 쉽다. 그리고 목표가 설정되면 플러스 인자로 통하는 문도 열리기 쉽다.

월터의 경우 노리는 목표는 갔던 적도 본 적도 없는 뉴욕에서 일자리를 찾는 것이었다. 그런 목표가 달성될 수 있다고 굳게 믿게 했던 것은 플러스 인자 이외에는 있을 수 없다.

월터는 전화국으로 찾아가 뉴욕의 전화번호부를 빌려왔다. 그리고 중심부에 있는 여러 직종의 상점을 조사하고 어느 유명한 체인스토

제3장 목표를 가지라

어를 표적으로 삼았다.
 전화번호부에는 맨해튼, 브루클린, 퀸즈, 롱아일랜드, 브롱크스에 산재한 체인점, 총 393개 점포의 주소가 실려 있었다. 이것만 있으면 일자리 하나 정도는 찾을 수 있을 것이라고 생각했다. 월터는 모든 점포에 차례로 편지를 보내기로 했다.
 어떤 원조도 기대할 수 없고 의지할 곳도 없는 10대의 젊은이에게 있어서 그것은 무모한 시도였다. 월터는 어느 체인점의 어떤 일이라도 좋다, 비록 청소부라도 좋으니 고용해 달라고 썼다. 타이프라이터는 가지고 있지 못했으므로 393개 점포의 모든 지배인에게 손으로 직접 편지를 썼다. 하루 15통을 쓰기로 자신에게 명하고 날마다 계속 썼다.
 그러나 회답은 오지 않았다. 단 한 통도 오지 않았다.
 거부 방식도 여러 가지가 있으나 가장 고통스러운 것은 아무런 연락도 없는 것일 것이다. 그러나 무엇인가가 월터의 등을 떠받치고 밀어주고 있었다. 월터는 지지 않았다.
 생각하던 끝에 월터는 고향을 떠나 뉴욕으로 가서 운을 시험해봐도 좋겠느냐고 부모님과 의논했다. 부모님은 처음에는 친척도 없는데 어떻게 그 먼 곳까지 가겠느냐고 걱정했으나 결국은 동의하고, 2, 3일 지낼 정도의 여비를 마련하여 월터에게 건네주었다. 두 사람은 자식이 곧 돌아올 것으로 생각하고 있었다.
 맨해튼에 도착한 월터는 타임즈스퀘어로 나가 편지를 냈던 체인점의 대형 점포 하나를 찾아내고 지배인을 만나고 싶다고 말했다.

제3장 목표를 가지라

지배인은 말했다. "설령 그런 편지를 받았다 하더라도 여기에는 없다. 인사과 쪽으로 보냈을 테니까."

월터는 인사과가 어떤 것인지 알 수 없었으나 어쨌든 가르쳐준대로 파크 가의 큰 빌딩으로 들어가 접수계에서 이름을 말했다. 월터가 안내받은 곳은 커다란 책상 건너쪽에 근엄한 얼굴을 하고 버티고 앉아있는 남자가 있는 사무실이었다. 모든 실권을 장악하고 있다는 느낌이 드는 사람이었다.

그 사람은 월터를 한참동안 바라보고 있더니 이윽고 일어서서 책상 위에 놓여있는 편지다발을 가리키고 미소를 지으며 말했다.

"자네의 취직청탁서라네. 모두 합쳐서 393통이지. 언젠가 찾아올 거라고 생각하고 있었지. 자네에겐 사무일을 맡기고 싶다고 생각하고 있네. 오후부터라도 시작해 주겠나?"

믿을 수 없을지도 모른다.

하지만 실제로 있었던 이야기이다. 월터 하터는 지배인의 지위까지 출세했다. 그리고 다른 직책으로 옮기더라도 시종 주도성과 인내력을 잃지 않고 항상 일종의 기세와도 같은 것을 몸에 익히고 있었다. 플러스 인자이다.

'목표'를 발견하기 위한 5가지 힌트

월터 하터처럼 자기의 잠재능력을 끌어내는 목표를 발견하는 것은 그렇게 쉬운 일이 아니다.

제3장 목표를 가지라

무엇에 대해서나 말할 수 있는 것이지만 무엇인가를 하고자 한다면 우선 그것에 대하여 연구하고 실천을 거듭해나가는 수밖에 없다. 그러므로 우선은 진취적인 자세를 몸에 익히고 자기를 어느 정도 다잡아 나가야 한다. 그렇게 하는 동안에 잠재능력을 끌어내는 목표는 자연히 발견될 것이다.

그런 말을 하더라도 목표 같은 것은 없고 아무 것도 할 마음이 일어나지 않고 무엇을 하더라도 안된다고 고민하는 사람도 있을 것이다.

그러한 사람에게는 비장의 힌트가 5가지 있다. 어느 것이나 내가 실제로 여러 번 도움을 받은 것들이므로 반드시 당신에게도 도움을 줄 수 있을 것으로 생각된다.

1. 목표를 정할 때는 철저하게 현실적으로

목표를 정할 때에는 현실에 맞추어 생각할 것. 한마디로 목표라 하더라도 생애의 목표에서 개개의 작은 목표까지 여러 가지가 있으므로 단기적인 것과 장기적인 것을 구별하는 것이 중요하다.

몇 개 정도의 목표라면 달성할 수 있을는지도 생각해 두는 것이 좋다. 목표달성에 어느 정도 시간이 필요한가, 어느 정도 노력을 해야 하는가를 생각할 때도 희망적으로 생각하는 것이 아니라 현실에 맞추어 생각해야 한다.

노력에 어울릴만한 것은 반드시 있다. 언제까지나 같은 곳을 빙글빙글 맴돌고 있어서는 안된다. 머리라는 콤파스를 사용하여 지도에

제3장 목표를 가지라

표시를 하고 그것에 따라 항해를 시작하자.

2. 어쨌든 강제적으로 구체적 목표를 정해본다

어떠한 인생을 보내고 싶은지 지금도 모르겠다고 말하는 사람도 있다. 그 기분은 모르는 바가 아니다.

그렇지만 목표가 보일 때까지, 또는 좁혀질 때까지 가만히 기다리고 있는 것이 아니라, 이런 것이라면 해볼 만하다고 생각되는 것을 하나 정도 선택하더라도 손해는 없을 것이다. 예를 들면 어떤 것에나 전력으로 부딪치려고 하는 것이라도 좋고 자기가 가지고 있는 재능이나 힘을 최대한 신장해 보겠다는 것이라도 좋다.

4, 5년 전의 이야기인데, 고교 동창생과 만나 이야기를 나눈 일이 있었다. 그녀는 내 얼굴이 뚫어져라 바라보던 끝에 이런 말을 했다.

"알았어, 너는 아주 약간의 재능을 신장시켜서 여기까지 온 거로구나."

이 이야기를 하면 누구나 큰 소리로 웃는다. 그렇지만 나는 그녀가 어떤 의미에서는 칭찬해 준 것이라고 생각하고 있다. 적어도 나는 그렇게 생각하기로 하고 있다. 자기 속에 있던 약간의 것을 최대한으로 살렸다면, 이거야 얼마나 멋진 일인가, 바로 그것이 우리들 인간이 해야 할 것이 아닐까, 그렇게 생각하기 때문이다.

3. '원망'과 '목표'를 혼동하지 않는 것

이런 속담이 있다.

제3장 목표를 가지라

"바라는 것은 말과 비슷하다. 거지라도 편하게 탈 수 있다."

단순히 바라는 것만으로는 아무 것도 성취하지 못한다는 뜻이다.

우리들은 어린 시절부터 동화에 젖어서 살아왔다. 그 안에서는 행복은 금방 찾아왔고 꿈도 쉽게 이루어졌다. 멋진 세계였다.

그렇지만 그것은 현실이 아니다. 동화 속의 세계이다. 우리들이 여러 세대에 걸쳐서 그와 같은 이야기에 마음을 빼앗기고 있는 것은, 동화의 세계에서는 대단한 노력도 하지 않았는데 분에 넘칠 정도의 행복이 손에 들어오기 때문일 것이다.

유감스럽지만 현실의 인생은 그렇게 달콤하지 않다.

그런데 달콤한 꿈에 불과한 원망에 언제까지나 매달리고 있는 사람이 의외로 많다.

나는 한동안 미국의 중서부에 있는 어느 호텔에 자주 머물었는데, 그곳의 젊은 지배인은 만날 때마다 그 주의 정치가가 되고 싶다고 말하곤 했다. 인사성이 바르고 호감이 가는 인물로, 그 직업상 여러 분야의 사람과 만나고 있었을 것이라고 생각하지만 몇 년이 지났어도 지배인으로 계속 남아 있었고 뭔가 달라지는 모습도 없었다.

그러던 중, 지배인의 이 목표는 어느 정치가가 그 호텔에 체재했을 때에 세워졌다는 것을 알게 되었다. 필시 정치가의 겉으로 보이는 화려함과 예의 바름에 이끌려 자기도 그런 사람이 될 수 있다면 좋겠다는 꿈을 품게 되었을 것이다. 그렇게 생각하면 위대해진 듯한 기분이 들고, 그 꿈에 집착하고 그것을 이상화하고 그리고 남들에게도 이야기했을 것이다.

제3장 목표를 가지라

그렇지만 그것은 단순한 소망이고 희망에 불과하다.

내가 어릴 때, 어른이 되면 오하이오 주의 야구팀, 신시내티렛즈의 유격수가 되고 싶다고 바랐던 것과 마찬가지이다. 근사한 생각임에는 틀림없으나 이것은 단순한 희망이고 땅바닥에 기초가 다져진 목표가 아니다.

이 꿈꾸는 호텔의 지배인과 자기 집을 갖고 싶다는 목표를 가지고 노력한 어느 젊은 부부를 비교해 보자.

이 부부에게는 집을 살만한 돈이 없었다. 그래서 우선 토지의 계약금을 염출했다.

토지를 손에 넣자 부부는 작은 임대 아파트의 부엌 테이블 위에 포장지를 펼치고 개략적인 설계도를 몇가지 그렸다. 그리고 나서 입수한 토지로 나가 보폭으로 계산하면서 괭이와 끈으로 '꿈의 집'의 어림 설계를 만들었다. 이 방에는 무엇을 놓자, 어떤 내장으로 하자고 의논했다. 집을 넓게 하고 싶을 때는 구덩이를 다시 고쳐파고, 끈을 움직이면 되었다. 그런 것이 몇 개월 계속되었다.

한편으로 이 부부는 수입의 20퍼센트를 별도로 빼낸다는 족쇄를 채우고 있었다. 맞벌이였던 두 사람의 수입을 합친 것에서 10퍼센트를 교회에 기부하고 10퍼센트를 언젠가 사게 될 두 사람의 집장만 자금으로 모아두기로 했던 것이다. 어느쪽이 아르바이트를 했을 때에도 그 수입은 집장만 자금으로 돌렸다. 자금을 늘리기 위해 부부는 여러 가지 작은 즐거움을 억제했다.

그렇게 해서 3년이 지나고 부부는 모아둔 돈과 집의 설계도를 가

제3장 목표를 가지라

니

 지고 은행을 찾아갔다. 이 무렵에는 두 사람 주위에는 아무리 현실주의의 대부담당자라 하더라도 마음이 움직이지 않을 수 없는, 일종의 힘과 조용한 자신, 내부에 숨겨진 강한 결의가 감돌고 있었다. 그것이 플러스 인자인지 아닌지는 별개로 치고, 이 부부는 돈을 빌리자, '꿈의 집'을 세웠다. 그리고 지금은 두 사람의 귀여운 아이들에게 에워싸여 행복하게 살고 있다.

 왜 이 부부의 꿈은 실현된 것일까?

 그것은 그저 생각없이 의자에 앉아서 맹목적으로 소망이 성취되기를 기도하고 있었던 것이 아니기 때문이다. 두 사람에게는 흔들림 없는 계획이 있었다. 시각표가 있었다. 목표를 가지고 그것을 향해 노력했다. 그래서 손에 넣었던 것이다.

4. 갑자기 최종목표를 노리는 것이 아니라 중간목표를 노리면서 나아갈 것

 갑자기 최종 목표를 지향하는 것이 아니라 중간 목표를 하나 하나 돌파하면서 차근차근 나아가면 무리한 노고를 들이지 않고 예정대로 최종 목표에 도달할 수 있다.

 이 방식은 기업 쪽에서는 비교적 빈번하게 보여진다.

 어느 은행의 은행장에게 어떠한 계기로 이 은행에 들어왔느냐고 물었던 일이 있다. 그 사람은 싱글벙글 웃으면서 이렇게 대답했.

 "청소부로 일하게 된 계기였습니다. 처음에는 작은 도시의 조그만 지점의 청소부였습니다. 대단한 일은 아니었지만 장래의 문제가 달

제3장 목표를 가지라

려있다는 생각으로 무엇이든 열심히 치웠습니다. 글쎄, 그런 의미에서는 실제로 장래의 일이 관련되어 있었던 셈이므로, 내 판단은 옳았던 것이지요.

그런 자세가 인정받은 것일까요, 얼마쯤 지나자 잔심부름을 하는 일을 맡게 되었습니다. 그 뒤에는 금전출납계를 맡았고 그 다음은 지점장이었습니다. 어떤 직무에서도 최선을 다하는 노력을 했습니다. 그럭저럭 몇 년의 세월이 흘렀을 때입니다. 은행에 매우 심각한 재정문제가 발생했는데, 우연히 모든 업무에 통하고 있는 나에게 임무가 맡겨진 것입니다."

이 사람은 막일꾼에서 최고 보스까지 출세 계단을 걸어 올라갔다. 그 사이에 쭉 플러스 인자가 이 사람을 지탱해 왔음은 말할 나위도 없다.

잭 타르호텔 체인의 사장 에드 리치도 이와 아주 흡사한 일을 경험하고 있다. 그가 최초에 맡은 일은 갈베스톤 호텔의 화단에 비료를 주는 정원사의 조수였다.

에드 리치의 목표는 호텔을 경영하는 것. 그리고 그는 그것을 달성했다. 한 단계, 한 단계, 출세라는 계단을 올라가면서.

에드 리치는 호텔의 웨이터가 유능한가 그렇지 못한가를 알고 있었다. 자기도 웨이터를 경험한 일이 있기 때문이다. 예약계가 친절한지 아닌지도 알고 있었다. 자기가 과거에 해본 일이 있기 때문이다. 그렇게 해서 경영자가 되는 준비를 갖추었을 때, 아니 갖추어졌기 때문에 목표는 에드 리치의 수중에 떨어진 것이다.

제3장 목표를 가지라

 이 논리는 조금도 그르침이 없다. 작은 목표를 달성할 때에 익혀 둔 습성과 경험은 큰 목표를 달성할 때 반드시 도움이 되는 것이다.
 나는 언젠가 훌륭한 문학적 재능을 간직한 청년과 알게 된 일이 있다. 그 청년은 장래 소설가가 되고 싶다고 생각하고 있었다. 그러나 그렇게 되기 위해서는 좀더 어른이 되고 실력을 기르는 일이 필요하다고 생각했고, 청년은 소설가가 되기 위한 일련의 중간목표를 세웠다.
 우선은 잡지관계의 일에 종사했다. 거기서는 단편소설에 대하여 구성을 비롯하여 근사한 짜임새는 어디서 정해지는가 등을 공부했다. 그리고나서 단편소설의 작가가 되었다.
 다음으로 들어간 곳은 텔레비전 방송국이었다. 거기서는 드라마 각본 쓰는 법을 배웠다. 마침내 소설을 쓰기 시작한 것은 그 다음이다. 반응은 금방 나타나지 않았으나 이윽고 확실히 이 청년의 평가는 높아져갔다.
 왜 이 젊은이는 성공한 것일까?
 그것은 단숨에 결승점을 목표로 한 것이 아니라 한 걸음씩 결승점을 향해 다가갔기 때문이다. 그렇게 해서 결승점에 도달했던 것이다.
 언젠가 잡지 『에보니』를 발행하고 있는 존 존슨에게 성공의 비결을 물어본 일이 있다.
 "실현 가능한 작은 목표를 하나 하나 달성해 나가는 것입니다. 그러다보면 큰 목표도 달성할 수 있게 됩니다."

5. '타인에게 도움이 되는' 목표를 선택할 것

타인에게 도움이 되는 목표는 자기를 위해서만의 목표보다 플러스 인자를 내기 쉬운 것 같다. 예를 들면 의사가 되고 싶다는 사람의 목표는 단순히 '한 미천 벌고 싶다' '사회적 지위를 확보하고 싶다'는 것이 아니라 '타인에게 도움이 되고 싶다'는 것이 더 좋다. 그것은 변호사이든 실업가이든 마찬가지이다. '남에게 도움이 되고 싶다'고 하는 원망이 있으면 의외로 길은 열리는 것이다.

내가 아는 아이작 티글레라는 젊은이가 일찍이 큰 마음 먹고 런던에 레스토랑을 냈을 때의 이야기를 하겠다.

그는 그 레스토랑에 하드 록 카페라는 이름을 붙이고, 실내에 음악이 울려 퍼지게 하여 매우 시끄럽고, 말하자면 미국적인 레스토랑으로 꾸몄다. 대부분의 사람은 이런 가게는 인기가 없을 것이라고 생각했다고 한다.

그런데 뚜껑을 열고보니 전혀 예상밖. 영국인이 순서를 기다리는 대행렬을 지을 정도의 번창을 이루었던 것이다. 그것은 지금도 마찬가지이다. 하드 록 카페는 현재 맨해튼 서쪽 57번가를 비롯하여 스톡홀름, 도쿄, 댈라스에 지점을 낼 정도로 성장하고 있다.

그런데 이 아이작 티글레의 모토는 무엇일까?

"모든 사람을 사랑하고, 모든 사람에게 마음을 바친다."

이다. 그리고 내가 보는 한, 그는 분명 그 말대로의 인간이다.

미국의 성공담의 이면에도 이것과 동일한 사고방식이 숨어있는

제3장 목표를 가지라

경우가 있다.
　수십년이나 전의 이야기인데, 일거리를 찾아 전전하고 있는 한 청년이 있었다. 그는 "어떤 일도 진정으로 타인에게 도움이 되는 일이 아닌 듯이 생각되었다"고 말하는 것이다. 그의 아버지는 중서부 대학의 학장이고 또한 목사이기도 했다. 그는 어린 시절부터 기독교의 가르침을 주입받고 '사람을 위해 무엇인가를 한다' '자기를 높인다' '시간은 한정된 것' '말이 아니라 태도가 중요한 것'과 같은 기독교의 가르침이 몸속에 배어 있었다.
　그런 식이었으므로 17세 때에는 그 날 읽은 책이나 잡지의 독서록과 같은 것을 종이쪽지에 기록하고 자기 전에 복창하고 잊고 있는 것을 체크하는 습관을 몸에 익히기 시작했다.
　1921년, 청년은 피츠버그의 웨스팅하우스사에서 불경기 때문에 해고당하자 젊은날의 습관에서 싹튼 어떤 착상을 마침내 실행해 보리라 결심했다.
　독자의 도움이 되는 책——내용이 충실한 기사를 모으고, 단시간에 읽을 수 있도록 요점만을 정리해두고, 어디이든 가지고 다니며 약간의 시간만 있어도 펼쳐볼 수 있는 포켓 사이즈——그러한 책을 출판하겠다고.
　청년은 출판사 문을 두들겨 보았다. 그렇지만 그의 의견에 찬성해 주는 곳은 하나도 없었다. 저 유명한 윌리암 랜돌프 허스트 역시 그런 것으로는 한 미천 벌 수 없다고 잘라 말했다고 한다. 그렇지만 이 청년은 "내가 생각한 잡지가 독자에게 도움이 되기만 한다면 돈

제3장 목표를 가지라

에 관해서는 아무래도 좋았다"고 몇 년인가 후에 회상하고 있다.

사람에게 도움이 되는 것을 하겠다는 목표를 갖는 사람에게는 반드시 힘을 보태주러 다가오는 플러스 인자가 바로 곁에 와 있다.

이 청년, 두비트 윌레스와 그의 아내 라일라는 자기들의 생각을 믿고 그 작은 잡지를 출판하기 시작했다. 1922년의 일이다.

윌레스 일가가 세상을 떠났을 때, 잡지의 총 구독자 수는 10억인, 그중 예약 구독자가 3억인, 미국 국내에서의 판매부수는 1억 8천만부, 해외 판매부수는 5억 2천만부였다.

그렇다. 『리더스 다이제스트』는 우리 시대의 출판업계의 화려한 성공 이야기이다.

나는 윌레스 일가에 대해 잘 알고 있다. 그들과의 회화의 중심은 언제나 '젊은 사람들에게 도움이 되는 것을 하려면 무엇을 하면 좋은가, 나이든 사람에 대해서는 무엇을 하면 좋은가, 곤란에 처한 사람들을 도우려면 어떻게 해야 좋은가'였다.

누군가가 "그런 것은 할 수가 없지"라고 말해도 동요되어서는 안된다. 기적이 일어나는 일도 있다. 타인에게 도움이 되는 가치 있는 목표를 분명하게 마음에 품고, 그것이 실현되는 것을 믿고 노력한다면 기적도 일어나는 것이다.

그러므로 소망은 높게 갖는 것이 좋다. 약한 마음이나 소극적인 생각은 버리고, 전심전력 힘을 쏟아야 한다.

그렇게 하면 어디에선가 엄청난 힘이 끓어오를 것이다. 그중에서도 가장 강력한 것이 플러스 인자이다.

제4장

행동을 일으키라

내일이면 늦다,
지금이 바로 최대의 기회이다.

이것이 '어떤 상황이든 바꿔버릴 수 있는 마법의 말'이다!

여기까지 꿈을 그리는 것이 얼마나 소중한가, 목표를 설정하는 것이 얼마나 중요한가 하는 이야기를 해왔다.

그렇다면 그 다음은 무엇을 하면 좋을 것인가? 자기의 잠재능력을 끌어내는 제3단계는 있는 것일까?

거기로 나가기 전에 약간 빠른 지름길을 가게 하고 싶다.

당신은 말이 갖는 진실성에 대하여 생각한 일이 있는가.

예를 들면 셰익스피어는 인간이 어떻게 장래를 결정하는가를 "이 상태로 좋은가, 안되는가, 그것이 문제이다"라고 표현했는데, 이것은

제4장 행동을 일으키라

사실일까.

나는 그렇다고 생각한다.

플러스 인자를 끌어내고 싶은가, 끌어내지 않아도 좋은가. 목표를 정하고 그곳을 향해 노력할 생각인가, 그렇지 않은가. 목표를 달성하고 싶은가, 하지 않아도 괜찮은가. 행복하고 싶은가, 아니면 언제까지고 행복이 손에 닿지 않아도 괜찮은가. 이러한 것들을 총괄하여 지금 이 상태로 좋은가, 이래서는 안되는가.

장래를 정하는데 있어서 "이 상태로 좋은가, 이래서는 안되는가" 가 실로 중요한 문제가 되는 것이다.

또한 미국의 실업가 헨리 카이저는 기업을 성공시키는 비결에 대해서 가장 짧은 말로 '필요를 채우라'고 말하고 있는데, 이것도 옳은 말이라고 생각한다.

그래서 이번에는 내 차례다. 그다지 사용되는 일은 없으나 어떻게 하면 일을 성취할 수 있는가를 적확하게 가르쳐주는 말, 어떤 상황이라도 바꾸어 버릴 수 있는 말, 그 7개 문자로 구성되는 말을 소개하겠다.

그것은——'행동을 일으키라'이다.

좋은 생각이 떠오른다면 행동으로 옮겨보라.

꿈을 그렸다면 행동으로 옮겨보라.

목표하는 것이 있다면 행동으로 옮겨보라.

어떻게든 해보고 싶은 것이 있다면 해보라.

……말은 그렇게 하지만 좀처럼 일어설 수가 없다. 해보기가 두렵

제4장 행동을 일으키라

다. 마음이 내키지 않는다…… 그렇게 해서 두려움을 느끼고 자기가 가장 하고 싶은 것을 하지 못한 사람은 많이 있다.

그러한 사람도 등을 꼿꼿하게 펴고 '해보겠다'고 말하면 되는 것이다. 그렇게 하면 지금까지 플러스 인자를 가로막고 있던 것이 제거되고, 몸속에 힘이 넘쳐나는 것을 알게 될 것이다.

이 힘은 최초의 한 걸음을 내딛은 순간, 또는 최초에 적극적 사고를 시작한 순간에 넘치기 시작한다.

아무리 열심히 꿈을 그리더라도, 아무리 확실한 목표를 내세우더라도 실제로 자기 발로 실현에의 첫걸음을 내딛지 않는 한, 힘은 솟아나지 않는다.

'자기가 가장 두려워하고 있는 것, 불안한 것을 하라'

이야기는 1912년으로 거슬러 올라가는데, 런던에서 고향 조지아 주 사반나로 귀향하는 줄리엣 로의 마음 속에는 하나의 꿈이 있었다. 그것은 남아전쟁에서의 영국의 영웅이며 영국에서 최초로 보이 스카웃이라고 불리는 조직을 만든 로버트 베덴포엘 장군의 아이디어에서 힌트를 얻어 태어난 하나의 아이디어였다.

"영국의 소년에게 스카웃 활동이 도움이 된다면 미국 소녀들에게도 도움이 되지 않을 리 없다……" 줄리엣 로는 그렇게 생각했던 것이다.

이미 짐작했을 것이다. 그녀는 꿈을 품었던 것이다.

제4장 행동을 일으켜라

대서양을 횡단하면서 그녀가 쭉 생각하고 있던 것은 그 문제였다. 그녀는 꿈에 살을 붙이고 불필요한 부분을 잘라내고 목표를 내걸었다. 멀고 험한 도정을 걸어가지 않고는 도달할 수 없는 목표──그렇지만 그것도 하나의 목표이다.

꿈과 목표를 가슴에 품고 고향으로 돌아온 줄리엣 로는 구식의 전화기──지금도 그녀의 생가에 진열되어 있는 그 옛날의 그리운 전화 수화기를 들고는 친구 니나 페이프에게 전화를 걸었다. 그녀는 이 지방의 학교 여교장이었다.

"니나, 즉시 와주겠어. 사반나의 소녀들을 위해, 어떤 생각이 떠올랐거든. 아니, 사반나만이 아니라 조지아 주 전체의, 전 미국의, 그리고 전 세계의 소녀들에게 유익이 되는 거라구. 오늘밤부터 시작하자구."

그렇다, 여기서도 잠재능력을 끌어내는 제3단계의 '행동을 일으키라'가 있다.

그리고 현재, 과거를 합쳐서 몇백만 명의 걸스카우트가 몸소 증명하고 있듯이, 그녀들은 실제로 행동을 일으킨 것이다. 물론 걸스카우트가 전국 규모의 활동이 되는 데는 몇십년의 세월을 필요로 했다. 그렇지만 중국의 옛 격언에도 있듯이 "천리길도 한걸음부터"인 것이다.

이 최초의 일보가 얼마나 우리들의 힘을 일깨워 주는가, 두려워서 꼼짝도 하지 못하는 상태에서 얼마나 우리들을 해방시켜 주는가를 나는 이 눈으로 수없이 보아왔다.

제4장 행동을 일으키라

에머슨은 이렇게 말했다.
"자기가 두려워하고 있는 것을 하시오. 그렇게 하면 더 이상 두렵지 않게 됩니다."
내가 이 말이 진실이라고 알게 된 것은 오래 전의 일로, 뉴저지 출신의 워렌 바바 상원의원과 알게 되었을 때의 일이다.
우리들이 처음 만난 것은 뉴욕 시의 만찬회 석상이었다. 스피치를 하기로 되어 있던 우리들은 서로 곁에 앉아 있었다.
바바 상원의원이 이렇게 말을 걸어왔다.
"스피치를 하기 직전에는 어떤 기분입니까. 가슴이 두근거리지 않습니까?"
나는 "늘 그렇지요."라고 고백하고 이렇게 덧붙였다.
"모두가 그렇다고는 할 수 없을지도 모르지만 대부분의 사람이 청중 앞에 서야만 한다는 긴장감과 싸우고 있다고 생각합니다. 그것은 어떤 의미에서는 좋은 것일지도 모르지요. 아드레날린 때문에 정신이 고양되고 조금은 두뇌 회전이 좋아질 수도 있으니까요."
바바 상원의원은 자기에게도 옛날에 사람들 앞에서 이야기를 하는 것이 그저 고통스럽게 느껴졌던 시기가 있었다고 말하고나서 이런 이야기를 시작했다.
"나는 아마추어 복서로 활동했던 적이 있습니다만, 링 위에서는 한 번도 두렵다고 생각한 일이 없었습니다. 그런데 사람들 앞에서 이야기를 한다는 문제가 되자 목이 바싹바싹 마르고, 손은 부들부들 떨리고, 전신에 식은땀이 배어나 그야말로 대단한 곤욕이었습니다.

제4장 행동을 일으켜라

더 이상 이런 고통을 맛보는 일은 질색이라고 생각했지요. 이 공포를 이기기 위해서 상원의원에 입후보하겠다고 선언한 것입니다.
　승산이 있었던 것은 아니지요. 단지 의원으로 입후보하면 밖으로 나가 지껄이지 않을 수 없게 된다고 생각했던 것입니다. 남 앞에서 이야기한다는 공포를 이기는 유일한 방법은, 가장 두렵게 여기는 '남 앞에서 이야기하기'를 실제로 해버리는 것이었습니다."

지금 즉시 행동을 일으키면 반드시 거기에서 빠져나올 수 있다!

그런데 당신이 두려워하고 있는 것은 무엇인가. 당신을 잡아끌고 있는 것은 무엇인가. 전방을 가로막고 있는 것은 무엇인가.
　그것을 해보아야 할 것이다. 단순한 논리임에는 틀림 없으나 그것을 함으로써 불안을 털어낸 사람들을 나는 많이 알고 있다. 나의 설득에 의해 그것을 실행한 사람들은 공포에 지기는커녕 극복해낸 것이다.
　많은 경우에, 힘내기를 가로막고 있는 것은 실패를 두려워하는 마음이 아닐까. 실패를 두려워하기 때문에 몸을 움직일 수 없게 되는 것이다. 심할 때는 마음까지 꽁꽁 얼어붙는다. 이 손발이 떨어져나간 듯한 상태가 오래 지속되면 지속되는 만큼 거기서 빠져나오는 것도 어려워진다.
　그 두려움으로 꼼짝 할 수 없는 상태가 생사(生死)에 관련된 경우

제4장 행동을 일으키라

도 있다.

몇 년 전에 노드캐롤라이나 주에서 이런 사건이 있었다.

사뮤엘 A. 맨이라는 젊은이가 들판을 걷고 있을 때의 일이다. 늪지대를 건너 지름길을 가겠다고 생각한 사뮤엘은 허리까지 닿는 바지같은 부츠를 신고 질척거리는 늪지대를 숨을 헐떡이면서 전진해 갔다.

어느 지점까지 가자, 얼핏 보기에 물기가 빠진 듯이 보이는 모래 땅이 나왔다. 그곳을 건너려고 한 걸음 내딛는 순간, 사뮤엘의 몸은 갑자기 모래 속으로 끌려들어가 정갱이까지 모래에 파묻혀 버렸다. 다급하게 빠져나오려고 했으나 발에 모래가 달라붙어 오히려 몸은 더욱 밑으로 가라앉았다.

순간 공포의 언저리에서 사뮤엘은 깨달았다. 이것이 그 유명한 유사(流砂)인가. 사뮤엘의 귓가에 이 지방 사람들이 소문으로 전해준 목소리가 들렸다.

"일단 유사에 빠지면 그것으로 끝장, 다시는 거기서 기어나올 수 없다."

사뮤엘은 제정신을 잃었다. 필사적으로 발버둥쳤다. 발버둥치면 칠수록 몸은 모래 속으로 잠겨들었다.

그 때이다. 자기의 왼쪽에 자라고 있는 한줌의 잡초가 사뮤엘의 눈에 들어온 것은. 한 포기의 잎의 넓이가 1, 2센치 정도 되는 잡초였다. 사뮤엘은 생각했다.

"저 풀에 닿기만 하면…… 저것을 붙잡을 수만 있다면 어떻게든

제4장 행동을 일으키라

살아날 수 있다."
　사뮤엘은 손을 뻗었다.
　손가락 끝은 잡초가 있는 곳의 10센치 정도 떨어진 곳에 겨우 닿을 정도였다. 사뮤엘은 알고 있었다. 저 잡초를 목표로 점프하다 실패한다면 자기는 이 모래 속으로 사라질 수밖에 없다고. 그렇지만 아무 것도 하지 않는다 해도 운명은 마찬가지이다.
　모래는 허리까지 닿는 부츠 위까지 닿아 있었다.
　갑자기 사뮤엘은 어떤 생각이 떠올랐다. 모래가 끌어들이고 있는 것은 자기 몸이 아니다. 오히려 부츠이다. 그리고 지금은 내 몸까지 끌어들이려 하고 있다.
　사뮤엘은 떨리는 손으로 부츠를 허리에 고정하고 있는 끈을 풀었다. 그리고나서 깊은 심호흡을 하고 신에게 기도를 바치고는 행동을 일으켰다. 죽음의 모래 속으로 힘껏 몸을 던졌던 것이다.
　손가락이 잡초에 닿고 몇포기를 붙잡았다. 사뮤엘은 천천히 신중하게 그야말로 죽을 힘을 다해 몸을 끌어당기고 부츠에서 몸을 빼내어 끝내는 단단한 지면 위로 기어올라왔다.
　사뮤엘은 살아난 것이다.
　그것은 그가 행동을 일으켰기 때문이다.
　당신도 힘으로 충만한 인생을 보내고 싶다고 생각지 않는가. 마음의 평안을 얻고 싶다고 생각지 않는가. 두려움이나 회의심이라는 유사(流砂)에 끌려 들어가지 않고 찬란히 빛나는 인생을 손에 넣고 싶다고 생각지 않는가.

제4장 행동을 일으키라

그렇다면 내가 권하는 마법의 주문을 몇 번이고 자기에게 들려주기 바란다.

그렇다, '행동을 일으키라'이다.

그것도 내일이라면 안된다. 다음 주부터도 안된다. 내년부터도 안된다.

지금 바로 시작하는 것이다.

제5장

끈기를 가지라

> 끈기의 뿌리가 없는
> 꽃은 피지 않는다

'이 세상에서 끈기만큼 만능의 특효약은 없다'

여기까지 우리들은 자기 속에 잠들어 있는 플러스 인자에 불을 지피려면 어떻게 해야 좋은지, 그 방법을 배워왔다. 그것들을 다시 한 번 여기서 정리해 보면,
◇ 꿈을 그리는 것
◇ 뜻이 높고 보람이 있는 목표를 설정할 것
◇ 목표를 향해 늠름하게 일보를 내딛을 것
의 세가지이다.
그렇다면 그 다음에는 무엇을 해야 하는가.

제5장 끈기를 가지라

그 다음에는 오로지 한 걸음씩 확실히 전진해 나가는 것이다. 목표에 도달할 때까지, 소망이 이루어질 때까지. 자기에게 부과된 사명을 다 할 수 있을 때까지.

아무리 시간이 걸려도 단념하지 말고 분발해주기 바란다. 설령 실패하더라도 거기서 끝내지 말라. 아무리 그만두고 싶어도 그만두지 말라.

미국의 제30대 대통령 칼빈 쿨리지는 '무언의 칼'이라는 별명으로 유명한 인물이었다. 확실히 별로 많은 것을 말하지 않는 사람이었을지 모르지만, 이 사람이 일단 무엇인가를 발언할 때는 대개 귀를 기울일 가치가 있는 것이었다.

여기에 그 대통령이 끈기에 대하여 발언한 말이 있다.

"이 세상에서 끈기 만큼 만능의 것은 없다. 재능은 만능이 아니다. 재능이 있더라도 뜻대로의 인생을 살아가지 못하는 사람은 많이 있다. 학문도 만능이 아니다. 학문이 있더라도 거지생활을 하고 있는 사람도 많이 있다. 만사에 통용하는 것은 의지와 끈기뿐이다. '앞만 보고 끈기있게 나아가라'고 하는 슬로건은 인류의 다종다양한 문제를 지금까지도 해결해 왔고 앞으로도 해결해 나갈 것이다."

말은 다르지만 윈스턴 처칠 씨도 이와 비슷한 말을 하고 있다.

"노력할 가치가 있는 것에 대해서는 포기해서는 안된다. 절대로, 절대로 포기해서는 안된다."

왜 끈기, 끈질김이 그토록 필요한 것일까?

그것은 끈기나 끈질긴 성격이 없으면 알찬 결실의 결과를 얻을

제5장 끈기를 가지라

수 없기 때문이다. 그리고 일을 뜻대로 성취시킬 수도 없다.

누구나 이러한 이야기를 알고 있을 것이다.

폐쇄된 광산에 곡괭이가 반쯤 꽂힌 채 녹슬어 있다. 광맥을 파내려고 찾아온 광부가 여기서 완전히 지쳐 곡괭이를 남겨둔 채 하산한 것이다. 몇 년이 지나서 같은 장소에 다른 광부가 찾아온다. 녹슨 곡괭이가 꽂혀있는 돌멩이 사이에 별 생각없이 자기의 곡괭이를 내리꽂는다. 그러자 거기에는 유명한 캄스톡의 은광맥이…… 라는 이야기이다.

최초의 광부가 조금만 더 끈질겼더라면 광맥을 파내고 엄청난 부를 손에 넣었을 것이다. 두세 번만 더 곡괭이를 휘둘렀더라면 찾을 수 있었을 것이다. 단념이 너무 빨랐던 것이다. 이 소극적인 결단이 가져온 손실은 헤아릴 수 없을 정도이다.

이 광부와, 지방지의 구인광고를 찾아내고 끈질기게 추적했던, 보스턴의 일자리를 찾아헤매던 젊은이를 비교해 보자.

젊은이는 그 직종이 마음에 들어 사서함에 편지를 썼다. 그러나 답장은 오지 않았다. 다시 한 번, 그리고 또 한 번 편지를 썼다. 그래도 답장은 오지 않았다.

젊은이는 우체국으로 찾아가 그 사서함이 있는 장소를 알아내고, 누가 편지를 가지러 오는지 그 자리에서 몇 시간이고 기다렸다. 편지를 수거하러 사람이 나타나자 그는 그 사람을 따라 회사까지 찾아갔다. 그리고 경영자에게 지금까지의 전말과 지금도 여전히 그 일자리를 얻고 싶다는 것 등을 이야기했다.

제5장 끈기를 가지라

경영자는 놀란 얼굴을 하고 그 젊은이를 보더니 이렇게 말했다고 한다.

"그런가요. 우리들은 언제나 의지가 강하고 끈기가 있는 인재를 구하고 있습니다. 당신은 그 양쪽을 다 겸비한 것 같군요. 좋아요, 당신을 고용하겠습니다."

이것이 후에 그 유명한 금융업자가 된 로저 밥슨 씨가 처음 일자리를 손에 넣었을 때의 일화이다.

사막에서 야채를 수확한 남자들의 '끈기'

우리들은 도무지 가능성이 없어 보이는데도 끈기있게 계속 도전하고 있는 사람들을 보는 일이 있다. 그러한 사람들을 보고 있으면, 본인들도 깨닫지 못하는 메시지가 플러스 인자로부터 보내지고 있는 듯한 기분이 들지 않을 수 없다.

나도 지금까지 다양한 사람들을 만났다. 그중에서도 특히 인상 깊었던 한 사람이 레바논 태생의 무사 아라미 씨였다.

그는 영국에서 교육을 받고 유복한 가정에서 자랐다. 그렇지만 레바논을 뒤흔든 내전 때문에 부도 재산도 모두 잃어버렸다. 그는 고생 끝에 간신히 여리고에서 그리 멀지 않은 요르단강 유역의 황량한 사막지대에 도달했다.

작열하듯 태양이 내려쪼이는 그 지방은 아마도 뱁티스트 요한의 시대로부터 그다지 변한 것이 없을 것이다. 물이 적은 이 지방에 작

제5장 끈기를 가지라

물은 자라지 않았다. 요르단강을 끼고 한쪽은 열기로 흐늘거리는 유다야의 산들, 다른 한쪽은 모아브의 산들이었다.

그에게는 요르단강에 댐을 건설할 자금도 설비도 없었다. 그렇지만 무사 아라미는 지하수를 이용하여 관개에 성공했다고 하는 다른 지역의 이야기를 듣고, 이 타오르듯이 뜨거운 사막의 밑에도 물이 있을 것이 틀림없다고 확신하기에 이르렀다. 무사 아라미는 "그 땅을 파보겠다"고 선언했다.

사람들은 조롱했다. 옛부터 그 지방에 사는 베두인족은 말했다.

"여기는 태고적부터 사막이었다. 사해(死海)의 물이 이곳을 뒤덮은 일도 있어서 모래는 소금기를 많이 포함하고 있다. 무사 아라미는 얼간이다. 아니면 머리가 돌았을지도 모른다."

비웃은 것은 베두인족만이 아니었다. 해외의 관리도 과학자도 모두 "과거에 물이 있었던 일은 없었다, 앞으로도 있을 리가 없다"고 하면서 그를 업신여겼다.

그래도 무사 아라미는 근처의 여리고 난민 캠프에서 가난의 극에 달해있는 난민을 몇사람 데리고 와서 그들의 손을 빌어 땅을 파내려가기 시작했다.

능률 좋은 천공기도 증기 샤벨이나 운반기도 전혀 없었다. 무사 아라미와 갖가지 인종의 동료들은 곡괭이와 샤벨을 사용하여 손으로 파냈다. 작열하는 태양 아래서 날이면 날마다 깊이, 더 깊이 파고 또 파내려갔다. 구경꾼들이 비웃는 가운데, 이 두려움을 모르는 남자와 누더기를 뒤집어쓴 동료들은 몇 주일이고 계속해서 파내려

제5장 끈기를 가지라

갔다.

무엇이 그렇게까지 그들을 분발케 한 것인가. 그것은 물이 나올지도 모른다는 희망이다. 희망이 있었기 때문에 오로지 끈기를 가지고 끈질기게 계속 파내려갔던 것이다. 그 끈기는 플러스 인자에서 나온 것이라고 나는 확신한다.

파기 시작한지 반년 정도가 지난 어느날, 모래가 습기를 띠기 시작했다. 더욱 파내려가자 모래가 축축해졌다. 그리고 결국 물이, 신선한 물이, 파낸 구덩이를 채우기 시작했다. 무사 아라미도 그 동료들도 큰 소리로 외치거나 뛰어오르며 기뻐하거나 웃거나 하지 않았다. 그들은 울었다.

베두인족 노인은 말했다.

"이제는 언제 내가 죽더라도 회한이 없네. 이 사막에서 물이 나오는 것을 이 눈으로 보았으니까, 무사!"

나는 무사를 개인적으로 알고 있다. 이것은 무사가 나와 나의 처 루스에게 해준 이야기이다. 나도 이 눈으로 바삭거리는 모래사막의 한가운데서 많은 물이 뿜어나오는 것을 보고 왔다.

이것은 정말로 있었던 이야기이다. 지금은 수천 에이커의 불모지였던 토지에서 온갖 종류의 야채와 과일이 산출되고 있다. 이 모든 것이 단 한 사람의 의지가 강하고 끈질긴 남자가 '물은 나온다'고 확신하고, 자신의 힘을 믿었기 때문임에 다름아니다.

제5장 끈기를 가지라

의사의 힘 이상으로 '인내'가 질병을 고쳤다

 포기하지 않고 분발하는 것의 중요함을 전하는 이야기는 그밖에도 얼마든지 있다.
 아직 소아마비를 예방하는 왁찐이 개발되지 않았던 무렵의 이야기이다.
 텍사스 주 댈라스의 제임스 C. 맥코믹이라는 청년이 폴리오(유행성 소아마비)에 걸렸다. 전신이 마비되어 누군가의 손을 빌리지 않으면 아무 것도 할 수 없고 통증도 심한 것이었다. 움직일 수도 없고 마시는 일도 숨을 쉬는 일도 제대로 하지 못하고 인공호흡의 철로 만든 폐에 의존하고 살아갈 수밖에 없었다.
 맥코믹은 죽고 싶다고 생각했다. 그래서 신에게 기도를 바치며 이렇게 말했다.
 "신이시여, 나는 내 몸을 움직일 수가 없고 목숨을 끊을 수도 없습니다. 모쪼록 나를 대신해서 생명을 거두어 주십시오."
 신은 그 기도를 무시했다.
 청년은 다시 이렇게 기도했다.
 "만일 죽을 수가 없다면 모쪼록 이 고통에서 벗어나게 해주십시오."
 의사는 약을 주었다. 통증은 완화되었으나 이번에는 위험할 정도로 약에 의존하게 되었다.

제5장 끈기를 가지라

청년은 다시 한 번 신에게 기도했다.

"모쪼록 약에 의존하고 싶은 연약함에서 나를 구해 주십시오."

맥코믹 청년은 서서히 약에 의존하지 않게 되었다. 그는 또 기도했다.

"모쪼록 다시 한 번 내 힘으로 물을 마실 수 있게 해 주십시오 목구멍의 관과 팔의 주사기 바늘을 떼어내 주십시오 만일 한방울이라도 제 힘으로 물을 마실 수만 있다면 더 이상 아무 것도 원치 않습니다."

그럭저럭 하는 사이에 물을 마실 수 있게 되었다.

'더 이상 아무것도 원치 않는다'고 말한 맥코믹이었으나 '소원'을 중단할 수는 없었다. 플러스 인자가 그렇게 시키지 않았던 것이다.

"신이시여, 잠시라도 좋으니 내 자신의 폐로 숨을 쉴 수 있게 해 주십시오 이 인공 폐를 잠시라도 좋으니 떼어내 주십시오."

소원은 이번에도 들어주셨다. 얼마 후에 그는 또 기도했다.

"신이시여, 지금까지 당신이 나에게 해주신 수많은 것에 감사하고 있습니다. 또 한 가지만 소원을 말씀 드려도 좋겠습니까. 가능하다면 한 시간이라도 좋으니 이 침대를 떠나 휠체어를 타고 이 병실 밖의 세계를 보고 싶습니다."

이 소원도 이루어졌다.

이리하여 제임스 맥코믹은 "자기 팔로 휠체어를 움직일 수 있게 해주세요," "지팡이를 잡고 걸을 수 있는 기능과 체력을 내려 주십시오."라고 기도를 계속하고, 20년간의 싸움 끝에 결국 두 개의 지팡

제5장 끈기를 가지라

이를 사용하여 걸을 수 있게 되었다. 맥코믹은 현재 결혼도 하고 아이들도 낳고 건강한 사람과 거의 다를 바 없는 생활을 보내고 있다.

어떻게 그런 일을 할 수 있었을까?

확실히 의사의 힘도 있었다. 그렇지만 그 이상으로 컸던 것은 기도이다. 인내이다.

그의 기도는 진지함 그 자체였다. 끈질긴 것이었다. 그런 기도에 신이 감동하지 않을 리가 없다. 듣기 싫어하거나 화를 낼 리가 없다. 신의 자비로운 마음은 성실성과 강한 끈기에는 움직이는 법이다. 거짓말이라고 생각한다면 제임스 C. 맥코믹에게 물어보면 된다. 나와 똑같은 말을 할 것이다.

'꼭 할 수 있다'고 하는 신념은 시간에 비례하여 농축되어 간다

끈기, 끈질김에 대하여 나의 사전에는 이렇게 쓰여있다.

끈기
어떤 곤란에도 지지 않고 어떤 장벽도 넘어서 한가지 일을 계속해 나가는 힘.

끈질김
어떤 장애가 있어도 단념하지 않고 하나의 상태나 목적이나 행동을 흔들림 없이 관철하는 힘.

제5장   끈기를 가지라

마지막의 '흔들림 없이 관철한다'고 하는 말을 보면 나는 오하이오의 주부이며 어머니인 아리스 방크에 대한 생각이 떠오른다.

오하이오라는 비옥한 지역의, 어느 작은 마을에 살고 있던 아리스 방크는 식물, 그중에서도 꽃을 기르기를 좋아했다.

그녀에게는 씨앗을 뿌릴 때 하는, 사소한 버릇 같은 것이 있었다. 씨를 뿌리면서 작은 목소리로 기도를 암송하는 것이다. 씨앗을 뿌리는 것은 인간이라도, 그것을 기르는 것은 신이라고 생각하고 있었기 때문이다.

어느날 밤, 종자 목록을 보고 있을 때 새하얀 마리 골드에 상금을 건다는 기사가 눈에 들어왔다. 마리골드를 기르는 것은 좋아했지만, 꽃색깔은 언제나 노란색이나 오렌지색, 또는 적갈색이었다. 종자회사는 새하얀 마리골드를 입수하여 그것을 교배함으로써 여러 가지 색조의 마리골드를 개발하려고 생각하고 있었을 것이다. 상금 1만달러가 걸려 있었다.

8명의 아이를 기르고 있던 아리스 방크는 식물의 유전에 관한 자세한 지식이 있었던 것은 아니지만, 교배에 대해서는 다소의 지식을 가지고 있었다. 그녀의 내면에서 어떤 것이 "왜 그래, 한 번 해보면 좋지 않겠어"하고 속삭이고 있었다. 그 목소리에 이끌리듯이 아리스는 행동을 일으켰다.

우선 종자 목록 중에서 가장 크고 노란 종류의 마리골드를 구입했다. 매우 비옥한 토양에 씨앗을 뿌릴 때, 그녀는 언제나처럼 작은

제5장 끈기를 가지라

목소리로 기도를 올렸다. 그리고 기다렸다.

마침내 마리골드의 꽃이 피었다. 태양처럼 노란 꽃이. 아리스 방크는 그중에서 가장 색깔이 엷은 것을 몇 개 골라 시들기를 기다렸다가 씨앗을 모았다. 그리고 다음 해에 그것들을 뿌렸다.

의아해하는 가족에게 그녀는 말했다.

"언젠가는 분명 흰 마리골드가 필 거야. 시도해 보는 거야."

거기에는 실망의 기운은 한조각도 없었을 뿐 아니라 추호의 의혹도 실패에 대한 불안도 없었다. 아리스 방크는 되어도 그만 안돼도 그만이라는 기분으로 있을 수는 없었다. 비록 아무리 시간이 걸리더라도 해내고야 말겠다는 기분에 젖어 있었다.

그리고 결심한 대로 봄이 올 때마다 그녀는 포기하지 않고 씨앗을 계속 뿌렸다. 마리골드의 색깔은 차츰 엷어져갔다. 그렇지만 그녀가 추구하고 있는 '흰' 꽃은 피지 않았다.

아리스 방크의 아이들은 성장했다. 그중에는 결혼하여 독립해나간 아이도 있었다.

남편도 세상을 떠났다. 꿋꿋한 그녀도 한동안은 슬픔에 짓눌려 아무 것도 할 마음이 들지 않았다. 그렇지만 이윽고 크게 심호흡을 하고는 다시 마리골드로 돌아갔다. 그 무렵에는 손자가 도와주게 되었다.

"꽃이든 아이이든 같은 거랍니다. 상대의 기분이 되어 보살피지 않으면 안되죠. 절대로 단념해서는 안되는 거예요."

이것은 아리스 방크의 말이다.

제5장 끈기를 가지라

그녀는 20년 가까운 세월동안 씨앗을 계속 뿌리고 계속 기도했다. 절대로 단념하지 않고…….

그리고 마침내 어느날 아침, 창에서 뜰로 눈을 돌린 그녀는 새하얀 마리골드가 반짝이듯이 활짝 피어있는 것을 보았다. '희게 보이는 것'이 아니다. '흰색에 가까운 것'도 아니다. 정말로 '흰' 마리골드였다.

아리스 방크는 그 꽃에서 100개의 씨앗을 채집하여 종자회사에 보냈다. 그 종자가 실험설비 아래서 자라는 것이 입증되기 까지에는 시간이 걸렸으나 결국 그날은 다가왔다. 종자회사의 사장으로부터 전화가 걸려왔다.

"방크 부인, 당신의 마리골드에게 상을 드리겠습니다. 정말로 축하드립니다."

방크 부인은 상금을 손에 쥐었다.

그런데 그녀에게 "한 번 해보면 좋지 않겠어"라고 속삭인 내적인 목소리는 무엇이었을까? 무엇이 그녀에게 보통사람이었다면 일찌감치 단념하고도 남을 일을 해마다 반복하게 한 것일까?

내가 말할 수 있는 것은, 이 책에서 다루고 있는 인간의 어떤 종류의 성질이 그것을 시켰을 것이라는 점이다. 그녀의 내면에 숨어있던 플러스 인자가 그것을 하게 했던 것이다.

그렇긴 해도 눈에 보이지 않는 플러스 인자가 인간의 끈기를 끌어낸 것인가, 아니면 반대로 끈기가 플러스 인자를 끌어낸 것일까?

나는 그 양쪽이라고 생각한다.

제5장 끈기를 가지라

끈질기게 노력을 계속한다면 플러스 인자가 끌려나오는 일도 있고 반대로 플러스 인자가 보통 때는 생각할 수 없는 일을 시키는 일도 있을 것이다. 도저히 달성할 수 없는 목표를 선택하거나 어떤 곤란에도 굴하지 않고 노력을 계속케 하여 보통이라면 도저히 될 것 같지도 않은 일을 실현시키는 일도 있을 것이다.

끈기와 끈질김을 과소평가해서는 안된다. 하겠다고 생각했다면 언제까지든 그 일에 매달려 보라. 절대로 포기해서는 안된다. 끈기있게 분발해 주기 바란다. 그렇게 하면 반드시 꿈은 이루어지고, 목표는 실현될 것이다.

제6장

넘쳐나는 자신감

이 '플러스 사고'가
불가능을 가능으로 바꾼다.

이상한 힘으로 윔블던을 정복한 18세의 신인 베카

플러스 인자가 활동을 개시하면 본인은 그것을 알 수 있을까?
반드시 그렇지는 않은 것 같다.
독일의 젊은 정예 테니스선수, 보리스 베카가 윔블던의 최종 결승전에서 이반 렌돌을 공략한 게임을 텔레비전으로 보았던 일이 있다. 베카도 렌돌도 힘이 들어간 게임을 전개하고 있었다.
그렇지만 그날 어느쪽이 우세한가는 누구의 눈에나 분명했다. 약관 18세의 빨간 머리 청년이 세계의 최고선수를 스트레이트로 격파한 것이다. 물론 렌돌도 잘 싸웠다. 그렇지만 경기를 시종 리드하고

제6장 넘쳐나는 자신감

있던 것은 베카였고, 그것은 렌돌도 충분히 알고 있었을 것이라고 생각한다.

시합 후의 인터뷰에서 청년 베카가 그날의 시합에 적절한 겸허함으로 기자의 질문에 답하고 있는 목소리가 들려왔다.

"아니오, 제가 세계 제일의 선수라고는 생각지 않습니다. 잔디 위에서는 혹시 그럴지도 모르지만 볼의 스피드가 흡수되는 다른 코트에서는 그렇다고는 말할 수 없을 것입니다."

"그렇지만 자신이 넘쳐 보이던데요. 윔블던의 센터코트를 독점하고 있다는 느낌이었습니다. 그렇지 않던가요?"

베카는 천천히 끄덕이더니 어린 티가 남은 얼굴에 진지한 표정을 띠우고 말했다.

"이번 최초의 시합에서 이 코트에 들어왔을 때, 이상한 느낌이 들은 것은 사실입니다. 말로 설명하기는 어렵지만…… 발, 복사뼈, 정갱이에 무엇인가를 느끼고, 자기가 강해진 듯한 느낌이 들고, 몸속에서 자신이 용솟음쳤습니다. 이 토너멘트는 이길 수 있다, 제패할 수 있다, 그런 느낌이었습니다."

귀를 기울이고 잘 들어주기 바란다. 베카는 이렇게 말하고 있다. '이상한 느낌이 들었다.' '말로는 설명하기가 어렵다.' '힘이 넘치고 자신이 생겼다.'고.

어딘가에서 들은 듯한 문구가 아닌가. 그렇다, 플러스 인자에 틀림이 없다.

제6장 넘쳐나는 자신감

플러스 인자가 예고하는, 미래의 자기 모습

보리스 베카가 시합중에 이상한 감각을 경험했다고 이야기하고 있는 것을 듣고 있다가 나는 마이클 랜돌의 이야기를 상기했다.

마이클 랜돌은 이즈음에 들어서는 『보난자』『초원의 작은 집』『천국으로 이어진 하이웨이』 등으로 이름이 널리 알려진 대형 텔레비전 스타이지만 물론 처음부터 그러했던 것은 아니다. 뉴저지에서 보낸 10년생(중학 3년생) 무렵은 친구들로부터 '못생긴 아이'로 놀림받는 비쩍 마르고 뼈가 드러난 유진 오로비츠라는 이름의 소년이었다.

'못생긴 아이'는 운동에 특기가 있었던 것도 아니었다. 어느쪽이냐 하면 소심하고 자의식이 강하고 자신이 없는 소년이었다. 그러던 것이 어느 날을 경계로 갑자기 변했다.

어느날 창던지기를 하고 있는 연상의 소년들을 보고 있을 때, 코치로부터 받은 농담으로 '너도 한 번 해보겠니'라는 권유를 받았다. 용기를 내고 던져보니, 이게 어찌된 일인가, 랜돌이 던진 창은 직선상으로 중앙관람석으로 날아가 창끝은 부러졌던 것이다. 보고 있던 사람들은 눈이 휘둥그레졌다.

부러진 창을 가지고 돌아가도 좋다는 말을 들은 랜돌은 그날부터 낮이나 밤이나 연습을 계속했다. 고교를 졸업하기 전에는 비거리(飛距離)가 211야드(약 200미터)까지 늘어나 있었다. 그것은 그해의 전

제6장 넘쳐나는 자신감

국 고교신기록이었다. 실력을 인정받은 랜돌은 캘리포니아 주 어느 대학에서 육상선수 육성금을 받고 진지하게 올림픽 출전도 생각했다고 한다.

그러나 불운하게도 어깨 근육이 열상하여 투창선수로서의 생명은 끊어지고 말았다.

그래도 랜돌은 처음 창을 손에 들었을 때 경험한 이상한 감각을 잊지는 않았다.

"마치 스파르타의 전사라도 된 듯한 기분이었어요. 힘이 넘쳐나고 나는 강하다, 할 수 있다고 생각했던 것입니다. 스스로도 놀랐습니다. 이것과 똑같은 감각을 몇 년인가 후에 전혀 다른 분야에서 맛볼 수가 있었습니다.

이미 투창선수로서의 생활은 끝나버렸으므로 당시 나는 적당한 일을 하여 밥벌이를 하고 있었습니다. 그런 때였습니다. 한 친구가 『용자의 집』이라는 연극에 나가는데 책 읽기를 도와달라고 말했습니다. 나는 쾌히 승락했어요. 그리고 둘이서 책을 읽기 시작한 순간, 그 불가사의한 감각이 되살아난 것입니다. 뭐랄까, 자신이 넘쳐나고 '이게 바로 내가 찾고 있던 것이다'라고 생각되었던 것입니다.

연극을 하고 싶다고 생각했습니다. 배우가 되고 싶다, 되어야 한다고 생각했습니다. 그래서 즉시 워너브러더스로 들어갔습니다. 거기서부터 현재의 내가 시작된 것입니다.

마이클 랜돌은 어떻게 자기가 투창 던지기에 맞는가를 알았던 것일까. 어떻게 배우가 되는 것이 좋다고 안 것일까.

제6장 넘쳐나는 자신감

어떤 것이 그렇게 가르쳐준 것이다. 마음 깊숙이에 있는 그 어떤 것이……. 그것은 플러스 인자가 아닐까.

일개 농부가 대회사 사장이 되었던 '신념의 여행'

또 한 사람, 존 홈스라는 영국에서 편지를 준 사람의 이야기를 하겠다. 편지에는 오스트레일리아에서 보낸 소년시대의 일, 그리고 그 뒤의 일이 쓰여져 있었다.

그의 부모는 농부로, 대공황 때에는 생활이 몹시 곤란했던 모양이다. 그렇지만 홈스 씨는 이렇게 쓰고 있다.

"어린애였던 나는 그런 것은 미처 알지도 못했습니다. 집 주위는 탁 트인 대지가 있었고 자유로왔고 부모님은 신경을 써주었고 귀여워해 주었고……."

아무리 그래도 오스트레일리아 오지에서의 생활은 그리 편하지는 않았다.

그래도 경기는 서서히 회복하고 존도 그럭저럭 돈을 빌려 작은 농장을 살 수 있을 정도가 되었다. 존은 결혼하고 가족을 부양하기 시작했다. 1960년대의 초기가 되자, 경기도 더욱 상승기세가 되었다. 주위로부터 보면 일가는 생활비에는 그다지 부족이 없는 듯이 보였다고 생각한다고 존은 쓰고 있다.

"그러나 이따금 생각이 나듯이 무엇인가 내 내면에서 들고 일어나는 겁니다. 지금 이상의 생활, 더욱 큰 생활이 어딘가 다른 곳에

제6장 넘쳐나는 자신감

있을 것이다, 라고 멀리에서 목소리가 들려오는 것입니다. 나는 무시했습니다. 그런 것은 꿈이다, 하찮은 헛소리라고 생각했던 것입니다."

아이가 태어났다. '무엇인가'는 여전히 존의 마음을 계속 뒤흔들었다. 그것이 무엇이고 어디에 있는가는 알 수 없었으나.

"그래도 1960년대가 끝날 무렵에는 어딘가 다른 곳에서 색다른 일을 해보아야겠다는 기분이 있었습니다. 만일 그 '색다른 일'이 잘 되지 않는다면 자기가 가장 잘 알고 있는 농업으로 돌아오면 된다, 그렇게 생각했습니다.

1970년, 나는 소유지의 대부분을 팔아서 상당액의 빚을 갚고 아내와 아이들을 데리고 영국으로 향하는 배에 올랐습니다. 영국의 어디에 정착할 것인지, 무엇을 할 것인지…… 구체적으로는 아무 것도 생각하고 있지 않았습니다."

주위로부터 보면 미치광이 같은 짓임에 틀림없다. 농업 이외의 기술도 경험도 없고 이렇다할 재산도 없는데, 친구도 친지도 없는 미지의 땅으로, 5인가족을 데리고 수천 마일의 여행을 하려고 했던 것이다. "도대체 무엇에 홀린 것인가" 하고 핀잔을 들어도 무리가 아니다.

이 물음에 대하여 납득할 수 있는 답이 있다면 그것은 단 하나, 존 자신이 미처 생각도 미치지 않았던 것일 것이다.

존은 플러스 인자에 홀렸던 것이다. 존의 귓가에 오랫동안 속삭여 온 것은 플러스 인자인 것이다. 고향을 뒤로 하고 바다를 건너 멀리

제6장 넘쳐나는 자신감

까지 여행을 하게 만든 것은 존의 플러스 인자인 것이다. 그리고 그것은 그 후에도 존의 깊은 곳에 잠재되어 있던 힘의 원천에서 힘을 끌어내고, 어떤 일이 일어나든 좌절하지 않고 전진하려고 하는 강한 의지와 힘을 부여했을 것이다.

"영국까지 4주일 이상이 걸렸습니다. 도착한지 열흘도 지나지 않아 나는 세일즈 일에 뛰어들었습니다. 주어진 일에 죽을 힘을 다해 맞붙었습니다. 새로운 일을 익히는 것은 어려운 점도 많이 있었으나 절대로 성공한다고 믿고 열심히 배웠습니다."

그리고 믿었던 대로 존은 성공했다. 그의 회사는, 지금은 5, 6개 도시에서 단독으로 판매권을 장악하고 있을 정도이다.

존의 편지에는 회사의 중역 6명과 그 부인들을 데리고 뉴욕으로 가고 싶은데, 만나 주겠느냐고 쓰여 있었다.

나는 기꺼이 그들과 만났다. 그리고 매우 놀랐다. 그들 모두가 기력이 넘쳐 있었고 전원으로부터 플러스 인자를 느낄 수 있었다.

남보다 조금이라도 더 멀리까지 갈 수 있는가, 견딜 수 있는가, 노력할 수 있는가

플러스 인자의 힘이 넘쳐나는 모습은 일정하지 않다. 그러나 이따금 어떤 행위가 플러스 인자에의 문을 열기는 하지만 금방 결과가 나타나지 않을 때도 있다.

고향 시실리 섬에서 겨우 10대에 이민을 온 버나드 캐스트로의

제6장 넘쳐나는 자신감

경우가 그러했다. 몇 년 전의 어느날밤, 뉴욕 이스트사이드의 어느 싸구려 아파트의 검게 그을은 창가에서 그는 서성거리고 있었다.

창밖에서는 눈이 내리고, 모든 것이 온통 백설로 뒤덮여 있었다. 이미 30센티미터는 쌓여 있었을까, 교통은 완전히 두절되었다.

당시 아직 영어를 배우던 중이었던 캐스트로 청년은 두이트 고등학교 야간부에 다니고 있었다. 학교는 거기에서 꽤 먼 거리에 있는 뉴욕 서쪽에 있었다. 밖에는 바람이 소리를 내면서 눈보라를 날리고 있다. 대설 경보가 내렸다 해도 좋을 날씨이다. 나는 걸어서 학교까지 가야 할 것인가, 아니면 여기에 머물러 있어야 할 것인가……

캐스트로의 일은 의자에 판자를 박는 일로 급료는 작았다. 가구에 박아넣는 압정을 온종일 입안에 물고 있는 탓에 입안이 헐어 있었다. 몸도 지쳐 있었다. 게다가 신발도 코트도 닳아서 너덜거렸다. 하루 빠진다고 해서 뭔가 크게 달라지는 일이 있겠는가.

창가에 서있던 캐스트로는 문득 신문 칼럼에서 읽은 기사를 상기했다.

성공과 실패의 갈림길은 남보다 더 노력하거나 멀리까지 가거나 아픈 것을 참아내거나 하는 의지가 있느냐 없느냐에 불과한 일이 많다. 타인 이상으로 노력할 수 있느냐 없느냐로 결정된다――그러한 내용의 기사였다.

캐스트로는 튀듯이 창가에서 떨어져 초라한 코트를 붙잡고 얼굴에 머플러를 휘감고 눈보라 속으로 달려나갔다.

어둠 속을 몇 블록이나 눈에 발이 푹푹 빠지면서 계속 걸었다. 손

제6장 넘쳐나는 자신감

도 발도 차츰 감각이 없어졌다. 가까스로 학교의 입구에 도착했다. 문은 닫혀 있었다. 수위가 문틈으로 얼굴을 내밀고 말했다.

"정신이 있는 거냐. 이런 눈보라가 치는 날에는 아무도 밖에 나가지 않아. 그리고 학교도 임시 휴교야."

문은 닫혔다.

캐스트로는 오던 길을 되돌아갔다. 눈보라 속, 차가운 바람에 몸을 구부리고 뼛속까지 얼어붙는 듯한 추위를 느끼면서. 그렇지만 계속 걷다보니 가슴 속에 기이한 쾌감이 느껴졌다.

2천명의 학생 중에서 자기만이 오늘밤 이 눈보라 속을 고생하면서 학교 문앞까지 갔던 것이다. 나는 남보다 더 노력을 하고 남보다 많이 걸은 단 한 사람의 인간인 것이다. 노력은 보답받지 못했지만 자신을 몰아치는 에너지는 앞으로도 필시 자신을 지탱해 줄 것이다, 그렇게 생각했던 것이다.

이 힘은 대체 무엇인가. 어디에서 나오는가. 캐스트로로서는 알 수 없었다. 그렇지만 그럭저럭 자기의 조그만 방까지 무사히 돌아와 비좁은 침대에 쓰러졌을 때, 이 힘이 앞으로도 자기로부터 없어지는 일은 없을 것이라고 느끼고 있었다. 그리고 그것은 옳았던 것이다.

당신이 가지고 있더라도 깨닫지 못하는 우수한 능력이 고개를 내밀게 하는 계기

몇 년인가 후에 대공황이 일어났을 때도 캐스트로는 이 때의 결

제6장 넘쳐나는 자신감

의와 저력으로 극복했다. 의자수리 기술자의 도제였던 캐스트로는 스스로 실내장식업을 개업할 정도가 되었다.

그런 것은 별로 대단한 것이 아니잖은가. 대공황을 극복한 것은 특별히 그 사람 혼자만은 아니다. 그렇게 말하는 사람도 있을 것이다. 그렇지만 그 눈보라 치는 밤, 젊은 캐스트로를 몰아세운 이상한 힘이 세월을 넘어 캐스트로를 계속 인도하고 그의 인생에 영향을 주었던 것만은 알아두기 바란다.

플러스 인자가 숨은 능력, 그것도 탁월한 능력을 완전히 다른 분야에서 이끌어낸다는 일은 종종 있다. 무엇인가 새로운 사용법을 발견하거나 몇가지 이론이나 발상을 조합하거나 현안을 우연히 해결하는 등………

버나드 캐스트로에게도 그 능력이 필요할 때가 다가왔다.

캐스트로는 종래의 장소를 차지하는 대형 소파보다도 작고 보기에도 아름다운, 실용적인 소파베드의 설계에 고민하고 있었다. 아무리 애써도 좋은 설계가 떠오르지 않았다.

그런데 어느 날, 작은 크루저에 타고 있던 캐스트로는 주인이 좌석 밑의 대를 끌어내어 그 위에 쿠션을 놓고 의자와 같은 높이로 하여 침대로 삼는 것을 목격했다.

대좌(臺座)는 가늘고 긴 판자가 두 개의 빗살 아귀를 맞추듯이 단단히 물리게 만들어져 있다. 끌어당기면 그 위에서 잠자는 사람의 체중을 지탱하고 밀어넣으면 절반의 스페이스가 된다.

"바로 이거야!" 오너의 얼굴을 보면서 그때까지 캐스트로를 괴롭

제6장 넘쳐나는 자신감

혀온 설계의 난제가 풀려나가는 것을 깨달았다.

이 간이침대에서 힌트를 얻어 캐스트로는 독자적인 소파베드를 개발했다. 그리고 이 베드가 캐스트로의 이름을 일약 유명하게 하고 캐스트로에게 부를 가져다준 것이다.

운이 좋았을 뿐일까?
우연히 머리가 좋았기 때문일까?
상상력이 풍부했기 때문일까?
발명의 재능이 있었기 때문일까?

사실, 캐스트로에게는 그러한 능력이 갖추어져 있었을지 모른다. 그렇지만 그것들이 모두 갖추어져 있다면 반드시 성공하는 것일까? 더욱 중요한 다른 무엇이 필요하지 않을까?

다른 무엇——그렇다, 그것은 자기 내면에 있는 플러스 인자를 믿는 것이 아닐까? 그리고 끈기있게 노력을 계속하고 열심히 머리를 회전시키는 것이 아닐까. 그것이 있기 때문에 캐스트로는 성공한 것이다. 그 사실을 잊어서는 안된다.

제7장

향상심을 연마하라

적극적인 인간만이
'상승 지향의 인생'을 손에 넣을 수 있다

'할 수 없다'라는 말의 '없다'를 지우는 지우개의 위력

학생생활을 돌이켜 보고 이것은 일생 잊을 수 없다고 하는 추억이 꼭 한 가지 있다.

5년생 때의 담임선생님은 무엇에나 긍정적으로 생각하라고 하는 주의였다. 조지 리브스라는 선생으로, 이 선생은 학생 각자에게 강렬한 추억을 남겼다고 생각한다. 신장은 180센티미터 이상, 체중은 90키로그램 이상으로, 우뚝 솟아오른 듯한 느낌을 주는 선생이었다.

리브스 선생님은 바이탈리티가 있는, 말하자면 인격자같은 느낌으로, 보통은 생각할 수 없는 일을 자주 하는 사람이었다.

제7장 향상심을 연마하라

예를 들면 그야말로 느닷없이 "조용해 해"라고 소리치는 버릇이 있었다. 그렇게 소리치면 믿을 수 없을지 모르지만 교실은 정말로 쥐죽은 듯 조용해졌다. 학생을 조용히 침묵케 하고 선생은 흑판으로 가서 큰 글자로 이렇게 썼다.

"할 수 없다."

그리고 말했다.

"모두 여기를 보세요. 이 말은 어떻게 하면 좋을까?"

기대받고 있는 답을 알고 있는 우리들은 목소리를 합쳐 말했다.

"없다를 지우고 있다로 고칩니다."

선생은 큰 몸짓으로 흑판의 '없다'라는 글자를 지우고는 그 뒤에 '있다'라고 쓰고 할 수 있다라는 글자로 바꾸었다. 그리고 손가락의 분필을 털면서 우리들 쪽을 돌아보더니 이렇게 말했다.

"이것을 분명하게 새겨 둘 것. 절대로 잊어서는 안된다. 할 수 있다고 생각하면 할 수 있다."

여우에 홀린 듯한 얼굴을 하고 쳐다보고 있는 학생들을 노려보듯이 응시하면서 선생님은 상냥한 미소를 지었다.

"제군들(선생은 어찌된 이유인지 우리들을 꼭 이런 식으로 불렀다), 정신 바짝 차리고 들어야 합니다. 제군들은 스스로 생각하고 있는 것보다 훨씬 능력이 있어요. '할 수 있다'고 진심으로 생각하면 반드시 할 수 있습니다. 알았지요, 이것이 내가 제군들에게 가르치고 싶은 가장 소중한 것입니다."

이미 수십년 전의 일인데 나는 지금도 그 옹골차고 그야말로 현

제7장   향상심을 연마하라

명해 보이는 선량한 선생님이 미국의 작은 아이들을 앞에 두고 앞으로의 인생에서 무엇을 해야 하는가, 어떤 인간이 되어야 하는가를 열심히 가르치려고 하던 모습이 눈에 선하다. 그 선생이 가르쳐 준 것은 그 당시뿐 아니라 지금도 훌륭하게 통용된다.

"할 수 있다고 생각하면 할 수 있는" 것이다.

그러므로 우리들도 믿어야 한다. 목표에는 도달한다. 목표하는 것은 손에 들어온다. 그렇게 믿으라.

그밖의 많은 것 중에서 반드시 뛰어나는 방법

왜 '할 수 있다고 생각하면 할 수 있다'고 말할 수 있는가.

그 이유의 하나는, 내가 플러스 인자라고 불러온 것이 우리들 한사람 한사람 속에 있기 때문이다. 플러스 인자에서 나오는 의욕이나 에너지는 우리들을 '그밖의 많은 것'에서 끌어내고 '평범' 이상의 삶의 방식으로 인도해 준다. 곤란을 만났을 때, 어떻게든 힘을 짜낼 수 있는 것도 플러스 인자 덕분이다. 그러므로 플러스 인자를 잘 활용할 수 있는 사람은 누구나 '할 수 있다고 생각하면 할 수 있는' 것이다.

플러스 인자와 밀접하게 맺어져 있는 것으로 '적극적 사고'라고 내가 부르는 것이 있다. '적극적 사고'란 무엇인가. '소극적 사고'의 반대말, '할 수 없다'고 하는 논리에 대항하는 '할 수 있다'고 하는 사고, 말하자면 자기에의 불신감을 부정하여 가능성을 믿는 것이다.

제7장 향상심을 연마하라

적극적으로 생각한다 하더라도 자기를 '훌륭한 인간'으로 생각하면 된다고 하는 문제가 아니다. 자기가 훌륭하지 않더라도 적극적 사고는 할 수 있고, 그러한 태도가 겹쳐짐으로써 비로소 '훌륭한' 영역에도 접근해 간다고 생각하기 때문이다.

예를 들면 아침에 눈을 뜨고 처음으로 마음에 떠오른 것이 "오늘은 싫은 일이 기다리고 있는 날이로구나"였다고 하자.

즐거운 듯이 아침식사 준비를 하고 있는 아내가,

"당신 오늘 아침 기분은 어때요?"

하고 말을 걸었다고 하자. 소극적인 인간은 언제나 똑같은 식으로 이렇게 대답할 것이다.

"음, 별로 좋지 않은데. 도무지 기운이 나지 않아. 아침부터 지친 기분이라구."

이 응답의 좋지 않은 점은, 그것이 사실이 아니라는 점이다. 그 사람이 '지쳤다'고 생각하고 있을 뿐이지 실제로는 그렇지 않은 것이다.

확실히 그 사람의 그날의 영업 예정에는 힘에 벅찬 교섭상대가 들어있다. 그러므로 '그 사람을 뜻대로 움직일 수는 없을 것 같다. 필시 계약은 성립되지 않을 것이다'가 된다. 그리고 '기분이 개운치 않다'가 되고 '잘될 리가 없다'가 되는 것이다.

이래서는 소극적인 겉칠을 하고 있을 뿐이다. 그런 기분이니까 "할 수 없다" "~가 없다" "~가 부족하다"의 세가지 부정사를 연발하면서 우울하게 보내는 것이다.

사고방식에는 크게 나누어 두 가지가 있다. 하나는 부정적인 사고방식이고 다른 한 가지는 긍정적인 사고방식이다. 그리고 부정적인 사고방식은 플러스 인자를 가로막는 유해한 사고방식이라고 말해도 좋다.

인간에게도 만유인력의 법칙은 적용된다. 비슷한 것끼리는 서로 끌어당기고 끼리끼리 모이게 된다.

사고방식도 마찬가지로 비슷한 사고방식은 자연히 한곳에 모여든다.

개인적인 사귐도 직장에서도 자기 주위에 언제나 부정적인 사고방식을 가지고 있으면 언젠가는 부정적인 결과가 되어 되돌아오는 법이다.

사고방식이라는 것은 입밖에 내든 내지 않든 파급효과라는 것을 가지고 있어서 모르는 사이에 힘을 내보내고 생각하거나 입에 담거나 자기가 확신한 것이 그대로의 결과를 낳는 일이 흔하다. 부정적인 사고, 태도, 정신구조가 부정적인 결과를 낳는 것은 일종의 마음의 법칙이라고 해도 좋을 것이다.

당신이 '곤경'을 수신했다면 발신자도 당신이다.

만일 독자 중에 일이나 사생활에서 현재 탐탁하지 않은 상황으로 괴로워하고 있는 사람이 있다면, 그 상황은 단독으로 일어난 것도 아니고, 불운 탓도 아니다. 그것은 당신의 부정적인 정신구조 탓이

제7장 향상심을 연마하라

다. 부정적인 사고형태는 오랜 기간에 걸쳐서 조금씩 육성되어온 것일지 모르지만 어쨌든 그것이 당신을 소극적인 사고방식의 발신자로 하고, 소극적인 결과의 수신자로 해왔음은 틀림이 없다.

그러나 그런 사람에게도 복음은 있다.

변하면 되는 것이다. 소극적인 사고를 버리고 적극적으로 생각하는 노력을 하면 되는 것이다. 당신 속에 잠들어 있는 적극적인 플러스 인자를 성격과 직장, 인간관계에 끌어내는 것이다. 그리고 가능하다면 바꾸겠다고 마음먹었다면 바로 지금이라는 것을 자각해야 할 것이다. 지금 변하지 않으면 어쩌면 다시는 변할 기회가 돌아오지 않을지도 모르는 것이므로.

적극적인 사람이라는 것은, 매사를 습관적으로 적극적으로 파악하는 사람으로, 매일 주위에 건설적이고 적극적인 사고의 전파를 방출하고 있다. 그들이 방출하는 강력한 전파는 주위의 환경을 적극적으로 정리하고 적극적인 결과를 만들어낸다. 오랫동안 전파를 계속 방출하고 있으면 그것과 비슷한 전파가 반드시 돌아오는 것이다.

그러므로 내 뜻대로의 인생을 걷고 싶다, 또는 걸어가고 있으나 더욱 내 뜻대로 살고 싶다고 생각한다면 자멸적인 소극적 사고를 버리고 건설적인 적극적 자세를 몸에 익혀야 할 것이다.

이따금 패배주의적 사고의 변명으로, "태어날 때부터 뒤밖에 돌아보지 않는 인간이었다. 아버지도 그러했고 조부도 그러했다. 가족 전원이 그러했다." 따위로 말하는 사람을 만나는 일이 있다.

확실히 가족 전원이 소극적인 성격이라는 이야기는 전혀 못들은 것은 아니지만 태어날 때부터 그러했다는 이야기는 아무리 생각해도 납득할 수 없다. 나는 소극적인 아이는 본 일이 없다. 뿐만 아니라 아이는 태어나면서 매사에 호기심을 보이고 적극적인 것처럼 보인다.

그렇지만 부정적인 가정에 태어나 주위의 분위기를 민감하게 느끼고 부정적인 견해밖에 취할 수 없게 되는 아기라는 것은 있을 것이다. 그러한 아기는 성장하면 자기를 과소평가하거나 타고난 패배자라고 말하게 된다.

잠자리에 들어갈 때는 언제나 승자가 되라

나는 언젠가 홍콩의 카오룬에 있는 구불구불한 골목길을 걷다가 어느 문신 새기는 가게 앞을 지나친 일이 있다. 그 가게의 윈도에는 문신의 무늬 샘플이 진열되어 있었다.

그럴 마음만 있으면 팔이나 가슴에 닻이든 깃발이든 인어이든 좋아하는 무늬를 새겨달라고 할 수 있다는 말인데, 그것보다도 무엇보다도 내 관심을 갖게 한 것은 '패배자'라는 세 글자가 그 샘플 속에 들어있는 점이었다. '패배자'라는 글자를 일부러 자기 몸에 새겨넣는다는 말이다. 완전히 놀란 나는 가게 안으로 들어가 그 문자를 가리키며 이렇게 물었다.

"패배자라는 끔찍한 글자를 제정신으로 새겨달라고 말하는 사람이 실제로 있습니까?"

제7장 향상심을 연마하라

중국인 문신사는 대답했다.
"예, 가끔은요."
"제정신으로 그런 짓을 하는 사람이 있다니, 나로서는 도저히 믿어지지가 않아요."
중국인은 이마를 가볍게 두드리며 더듬거리는 영어로 이렇게 대답했다.
"몸에 새기기 전에 머리 속에 새겨졌지요."
철학자다…… 나는 그렇게 생각했다.
정말로 맞는 말이다. 인간이란 오랫동안 자기의 머릿속에 계속 새겨넣은 대로 되어가는 존재인 것이다. 아무리 그렇다 해도 이왕이면 '패배자'가 아니더라도 좋았을 것을…… '승자'였다면 더욱 좋았을 것을…….
이것과 정반대의 것이 내셔널 풋볼 리그, 시카고 베어즈의 유명한 코치 조지 해라스이다.
해라스의 사무실 벽에는 슬로건이 크게 내걸려 있다.
"잠자리에 들어갈 때는 언제나 승자가 되라."
이 얼마나 현명한 슬로건인가.
의식적으로 생각해낸 말이더라도 잠자고 있는 동안에 잠재의식에까지 침투할지 모르는 것이다. 적어도 조지 해라스는 자기의 선수들에게 진다고 하는 의식을 갖게 하고 싶지 않았던 것이다.
우리들도 해라스를 흉내내어 소극적인 사고를 가지고 잠자리에 들어가는 일은 없도록 하자. 잠에 빠지면서 자기가 성공하고 있는 면을 이미지하자. '자기는 성공한다'고 하는 이미지를 기르는 것이다. 반드시 멋진 효과가 나타날 것이다. 스포츠 지도의 제일인자라고도 할만한 인물의 지도에 따라 보는 것도 결코 나쁘지는 않을 것이다.

해라스 코치의 사고방식은 심리학적으로 보더라도 그릇된 것이 아니다.

인간이란 자기가 오랫동안 마음에 그려온 대로의 인간이 되기 쉬운 것이라고 일컬어진다. 자기를 어떻게 생각하고 있느냐가 그대로 현실적으로 되기 쉽다. 그러므로 열등감을 가지고 언제나 자기를 하찮은 인간이라고 생각하고 있는 사람은 자기에게 자신을 가질 수 없게 되고 스스로 마음에 그린 대로의 인간이 되기 쉽다.

뒤집어 말하면, 자기에게는 그에 상응하는 능력이 있다고 생각한다면 그대로의 인간이 될 수 있다는 말이다. 그렇게 생각하면 이미지한 대로의 자기가 될 수 있을 것이다.

이것은 말로만 하는 이야기가 아니다. 현실적으로 내가 실지 체험한 것이다.

계단 밑에서 네 번째 단을 경계로 내 인생은 크게 바뀌었다

나는 어릴 때, 그야말로 열등감으로 똘똘 뭉친 덩어리같은 아이였다. 수줍음을 잘타고 겁이 많아 곧잘 덜덜 떨곤 했다. 금방 얼굴이

제7장 향상심을 연마하라

새빨개졌다. 타인 앞에 나서는 것이 정말 싫어서 견딜 수 없었다.
　나는 자기에 대해 능력이 없는 인간, 도무지 재주라고는 없는 쓸모없는 인간으로 생각하고 있었다. 그럭저럭 하는 동안에 주위 사람들도 나에 대해 그렇게 생각하고 있음을 눈치챘다. 스스로 이미지하고 있는 대로, 주위 사람이 나를 보게 된다는 것은 진실이다.
　그런 나에게도 자기평가를 다시 해보는 기회가 찾아왔다. 대학에서 경제학 수업을 받고 있을 때였다. 벤 아나슨이라는, 후에 나의 생애의 친구가 된 교수가 학기 말에 이렇게 말했던 것이다.
　"필군, 잠깐 남아있게."
　교수는 날카로운 눈빛으로 나를 보고 말했다.
　"대체 자네는 어떻게 된 사람인가. 왜 그렇게 겁쟁이야. 흠칫흠칫 놀라고 늘 꽁무니만 빼고 있는 것 같잖아. 수업중에 지명을 받았을 때도 답은 알고 있을 텐데, 왜 얼굴이 빨개져서 우물우물하는 거야. 그런 열등감 따위는 극복하고 더욱 남자답게 되어야 할 거야."
　나는 이 난폭한 꾸중에 화가 나지 않는 것도 아니었으나 교수가 말하는 것 한마디 한마디가 백번 지당하다는 것은 나 자신도 알고 있었다.
　"모르겠어요 아마도 나는 어찌해볼 도리가 없는 인간인지 모르겠어요."
　"그런 패배자 같은 말은 절대로 해서는 안돼. 생각해서도 안돼."
　커다란 목소리였다. 교수는 다시 상냥한 목소리로 돌아와 이렇게 계속했다.

제7장 향상심을 연마하라

"자네를 만들어준 신에게, 모쪼록 나를 바꿔달라고 기도해 보게."

나는 비틀거리면서 교실을 나와 복도를 지나고 밖의 긴 계단을 내려갔다. 밑에서 네 번째 계단에서 나는 발걸음을 멈췄다. 거기서 내 인생은 크게 바뀌었다. 거기에서, 밑에서 4번째 계단에서 나는 자기를 믿는 인생을 걷기 시작했던 것이다.

이렇게 해서 전기는 찾아왔다. 나는 실의의 밑바닥에 있었고 아무런 구원도 없었다. 그래서 교수의 말대로 기도했다. 아마도 나는 기적이 일어날 것을 기대하고 있었다고 생각한다. 그렇지만 금방은 아무런 일도 일어나지 않았다. 기도함으로써 마음의 평안과 기쁨 비슷한 것을 느낀 이외에는.

이윽고 다른 교수가, 에머슨, 도로, 마르크스 아우렐리우스, 윌리엄 제임스 등의, 바르게 인식하는 것을 배우면 어떻게 되는가를 설명하는 철학서를 권해 주었다.

나는 사고방식을 바꿈으로써 인생을 바꿀 수 있다는 것을 알았다. 서서히 자신을 가질 수 있게 되었다. 그럴 마음만 있으면 힘은 나온다, 플러스 인자가 힘이 되어준다, 고 하는 것도 알았다.

나는 인생에서 가장 소중한 것을 알았던 것이다. "할 수 있다고 생각하면 할 수 있다"는 것을.

제8장

용기를 잃지 말라

편한 길보다
'자기가 믿는 비탈길'을 돌진하라

'용기'가 갖는 놀라운 슈퍼 파워

인간이 유사 이래 찬미받아온 것 중에는 위험이나 곤란을 앞에 두었을 때, 거기서 도망치지 않고 이를 악물고 맞서는 성질이 있지 않았을까. 여기에 가까운 것이 도의적 판단이 어려운 문제에 직면했을 때 어떻게든 올바른 쪽을 선택하고자 하는 정신력이다. 우리들은 이것을 '용기'라고 부르고 있다.

그렇지만 스스로 '용기를 가지고 있다'고 말할 수 있는 사람은 적은 것 같다. 그것은 대개의 사람에게는 두려워하고 있는 일이 있고, 그것이 갑자기 눈앞에 나타난다면 자기가 어떻게 행동할지 자신이

제8장 용기를 잃지 말라

서지 않기 때문이다.

그러나 안심하기 바란다. 우리들 인간의 내면에는 그러한 것에 대처할 수 있는 강한 힘이 잠재되어 있는 것이다.

나는 이것을 플러스 인자라고 불러왔다. 그리고 몇 번이고 이 헤아릴 수 없는 힘이 위기에 직면한 사람의 마음 속에 들어가, 후에 '영웅적'이라고 불리는 행위에 대한 공포심을 물리치고 믿을 수 없는 정신력과 체력을 이끌어내어 경이적인 일을 성취했다고 하는 이야기를 들었고, 책을 통해 접해왔다.

사우드 캐롤라이나 주 캄덴에 사는 나오미 크린톤의 경우도 그러한 한 가지 예이다.

세상에는 어릴 때의 경험이 화근이 되어 이상하게 불을 무서워하는 사람이 있는데, 나오미 크린톤도 그중 한 사람이었다. 세 살 때에 집이 완전히 불에 타고 언니의 도움으로 무사히 구출되었지만 화염 속에서 공포로 울부짖은 것은 언제까지고 잊을 수가 없었다. 그 몇 년인가 후에 또다시 집은 전소했다.

그런 경험을 가진 나오미였으므로 집에 아이를 남기고 외출할 때는 불안하여 견딜 수 없었다. 불의 공포가 뇌리에서 사라지는 일이 없었기 때문이다.

어느 날 플로리다에서의 동업자 회의에서 돌아오는 길에, 전방의 고속도로에 시커먼 불기둥이 피어오르는 것이 눈에 들어왔다. 가까워지는데 따라 도로 한쪽에 5, 6대의 차가 멈춰있고 사람들이 공포에 얼어붙은 얼굴로 한 대의 트럭을 응시하고 있는 것이 보였다. 트

제8장 용기를 잃지 말라

럭은 옆으로 쓰러져 불길에 휩싸여 있었다. 그 주위에 기름이 든 드럼통이 짐칸에서 굴러떨어져 흩어져 있었다.

나오미는 외면하고 그대로 지나치려고 했다. 그렇지만 불길이 앞길을 가로막고 있었다. 할 수 없이 차를 세우고 화재의 기억이 되살아나는 것을 느끼면서 차에서 내려 구경꾼의 무리 속으로 들어갔다.

'공포보다 큰 힘'에 압도되어 불 속으로 뛰어든 주부

나오미는 트럭 옆에서 타고 있는 커다란 파편을 물끄러미 바라보고 있었다. 그 때였다. 파편이라고 생각했던 것이 움직였던 것이다. 그것은 파편이 아니었다. 트럭 운전수가, 온몸에 불이 붙은 불덩이가 되어 있었던 것이다.

나오미는 시선을 집중했다. 불 속에서 하나의 팔이 위로 뻗어 허우적거리다가 이윽고 떨어졌다. 그 남자는 머리를 쳐들고 연기 건너쪽에서 물끄러미 자기를 보았다.

잊을 수 없는 광경이었다.

"그 사람의 눈이 보였어요. 고통스러워 보였습니다. 눈을 크게 뜨고 이쪽을 보고 있었습니다. 입술이 움직이는 것을 알 수 있었습니다. 불길에 가려져 무엇을 말하는지는 알 수 없었지만 나에게는 그 고통스러워 보이는 비명소리가 들리는 것 같았습니다. 모두가 그 자리에 아연히 붙박혀서 그것을 보고 있었을 뿐입니다.

그 순간 나는 아무래도 자신을 억제할 수가 없었습니다. 생각할

제8장 용기를 잃지 말라

겨를도 없이 나는 달려가고 있었습니다. 누군가가 외치는 소리가 들렸습니다. '진정해요. 드럼통이 언제 폭발할지 알 수 없어요.'

화염에 휩싸인 사람의 팔이 다시 한 번 위로 올라가고 다시 떨어졌습니다. 마치 '도와 줘. 너무 뜨거워.'하고 말하고 있는 것 같았습니다.

불에의 공포가 내 등줄기를 잡아끌었습니다. '무슨 짓을 하려는 거야. 그만둬. 그만두라구.'하고 하지만 나는 공포보다 큰 힘에, 스스로도 알 수 없는 큰 힘에 조종당하고 있었고, 만류하고 있는 남자의 팔을 뿌리치고 달려나갔습니다. 불타는 풀밭 위를 이쪽을 향해 뻗은 그을은 팔이 있는 곳까지.

운전수의 옷에는 불이 붙어 있었습니다. 스스로 있는 힘을 다해 몸을 들어올리려고 하고 있었지만 기력이 쇠진해 있었습니다."

나오미 크린톤의 체중은 불과 50킬로그램이었다. 그렇지만 필사의 힘으로 그 남자의 겨드랑 밑에 손을 넣어 몸을 이끌고 타오르는 트럭으로부터 조금이라도 멀리 떼어 놓으려고 했다. 불은 그녀의 드러난 팔과 다리를 그을렸다.

주위는 온통 불바다였다. 타이어가 큰 소리를 내며 폭발하고, 그녀의 머리 위로 사정없이 그 커다란 파편을 떨어뜨렸다. 목에 통증이 느껴졌다. 머리가 지글지글 타는 소리를 냈다. 나오미는 불타는 잔디 위에서 차도까지 남자를 이끌고 갔다. 차도까지 오자 연기가 피어오르는 옷을 맨손으로 두들기면서 그 위에 올라타고 자기 몸으로 불을 끄려고 했다.

제8장 용기를 잃지 말라

　구급차와 패트롤카가 마침내 도착했을 때에는, 나오미 크린톤은 공포와 쇼크로 질문에도 제대로 답할 수 없는 상태였다. 자동차로 돌아가려고 했던 나오미는 다리가 휘청거려 그 자리에 쓰러지고 말았다.
　트럭 운전수는 빈사(瀕死)의 화상을 입었지만 목숨은 건질 수 있었다.
　크린톤 부인은 사우드 캐롤라이나 주 정부로부터 그 영웅적 행위에 대한 특별상을 받고 후에 카네기의 실버상을 수여받았다.
　이 작은 몸매의 부인에게 어떻게 이와 같은 일이 가능했을까? 게다가 그토록 불을 무서워하고 있었다는 그녀⋯⋯.
　그것은 그녀 자신의 말을 빌린다면, "공포보다 큰 힘이 나를 조종하고 있었기 때문"이다. 나오미 크린톤은 그 힘은 신으로부터 보내진 것이라고 믿고 있다. 나도 그럴 것이라고 생각한다. 왜냐하면 플러스 인자도 거기에서 나오고 있는 것이므로.

'용기'의 어깨에 의지하면 '기적'의 사다리에 손이 닿는다

　그런데 이 장을 끝내기에 앞서 2, 3년 전 켄터키의 삼림지대에서 일어난 어떤 사건에 대하여 이야기하고 싶다.
　화창하게 갠 날이었다. 그날 마샬 크라우스는 깊은 잡목림으로 들어가면서 행복을 실감하고 있었다. 79세로 한쪽눈은 부자유했으나 아직도 쇠톱과 나무꾼의 작업도구는 수월하게 운반할 수 있고 뭐니

제8장 용기를 잃지 말라

뭐니해도 스스로 나무를 자르고 20년 전부터 오늘까지 자기가 일하고 있는 작은 제재소로 운반한다는 좋아하는 일을 할 수 있는 것이다.

그날 마샬은 운반용 소형 트럭을 100미터 정도 떨어진 오래된 산길에 세워두었다. 저녁때까지는 돌아올 생각이었다. 아무도 마샬이 어디에 있는지 정확히 알고 있는 사람은 없었다.

두 그루의 나무는 어려움 없이 잘라 쓰러뜨렸다. 그러나 키가 큰 포플라 나무가 다른 나무 가지에 걸려 움직이지 않게 되어 버렸다. 마샬은 다른 나무 줄기에 톱날을 넣었다. 그것이 포플라 나무에 부딪쳐 함께 쓰러질 것이라고 생각했던 것이다. 그런데 마샬이 그 두 그루의 나무에서 잠시 한눈을 팔았을 때였다. 그 순간 두 그루의 나무가 땅을 흔들며 마샬의 위로 쓰러졌던 것이다. 마샬은 땅바닥에 세차게 나가떨어지고 정신을 잃었다.

정신이 들었을 때 얼굴은 상처투성이에 피가 흐르고, 두 다리는 쓰러진 나무의 밑에 깔려 뼈가 부서졌다. 정신이 가물가물해지는 통증이었다.

아마도 마샬 크라우스는 플러스 인자의 이야기 따위 들어본 일도 없었을 것이 틀림없다. 그렇지만 일생을 통하여 자기를 지켜주는 거대한 힘이 존재한다는 것을 믿고 있던 마샬은 용기를 이끌어내고 있는 힘을 쥐어짰다.

마샬은 오버올의 주머니에 들어있던 스크류드라이버를 꺼내어 그것을 지렛대 삼아 가까스로 나무 밑에 깔려있는 발을 끌어내고 움

제8장 용기를 잃지 말라

직여 보려고 했다. 그렇지만 발은 둘 다 쓸 수가 없었다. 마샬은 엎드려서 땅바닥을 기어가려고 했다. 그러자 발이 잡초의 덩굴과 작은 가지에 걸려 격통이 몰려왔다. 남은 방법은 바로 누워서 두 팔꿈치로 몸을 지탱하고 몇센치씩 몸을 끌고 가는 것이었다.

마샬의 절반밖에 나이를 먹지 않은 사람이라도 이와 같은 정신적 타격과 통증에는 견딜 수 없었을 것이다. 그리고 트럭까지는 도저히 도달할 수 없다고 단념했을 것이다. 통증을 견디어내며 움직이기보다는 거기에 가만히 누워있는 쪽을 선택했다 하더라도 무리가 아닐 것이다.

그렇지만 마샬 크라우스는 그렇지 않았다. 그의 내면에서 무엇인가가 이대로 질소냐고 이를 악물게 했다.

마샬은 통증을 참아내면서 몇 센치씩 울퉁불퉁한 돌 위나 작은 가지가 엉킨 덩굴 위를 누운 자세로 몸을 이끌고 갔다. 이마에서 피가 흘러나왔다. 셔츠는 누더기가 되었다. 쓸모가 없어진 두 다리가 선을 그으면서 몸둥이 뒤를 따르고 있었다.

그렇게 해서 몇 센치씩 몇 시간을 들여 몸을 계속 끌고갔다. 이윽고 해가 저물고 조용한 숲에 밤의 냉기가 감겨들었다. 통증 때문에 비명을 지르지 않도록 입술을 깨물면서 마샬은 있는 힘을 다했다. 그리고 결국 나무 밑에 깔렸던 네 시간 후에 트럭이 있는 곳까지 도달했다.

마샬은 트럭 문을 열고 핸들에 손을 뻗었다. 그것을 붙잡고 운전석으로 올라가려고 했다. 그렇지만 떨리는 손가락은 달락말락할 뿐

제8장 용기를 잃지 말라

핸들에 미치지 못했다. 통증 때문에 어깨로 숨을 쉬면서 다시 한 번 손을 뻗었다. 역시 닿지 않았다.

이 시점에서도 의지가 약한 사람이라면 체념했을 것이다. 그렇지만 79세의 불굴의 사나이, 마샬 크라우스는 체념하지 않았다.

그는 낙엽과 작은 가지 등, 손이 닿는 범위에 있는 것 모두를 통증을 견뎌내면서 조금씩 끌어모아 쌓아서 작은 산을 만들고 그 위에 기어올라갔다. 그리고 손을 뻗어 핸들을 잡고는 마지막 힘을 짜내어 차안으로 기어올라갔다.

여기에 이르러서도 아직 문제는 남아 있었다. 다리를 쓸 수 없는 것이다. 브레이크도 액셀도 밟지 못하는 것이다. 할 수 있는 것은 엔진을 스타트시키고 기어를 로우에 넣고 비탈길을 굴러 주요도로로 나가 도움을 기다리는 것이었다. 그리고 마샬이 한 것은 그것이었다.

마샬 크라우스는 몇주일간 병원에 입원한 후에, 몇 개월간 자택에서 요양했다. 의사는 이제는 걸을 수 없을 것이라고 말했다. 그렇지만 놀라운 일이다. 그는 현재 걷고 있다. 부자유스럽지 않다고는 할 수 없을지 모르지만 어쨌든 자신의 다리로 걷고 있다.

79세의 이 노인에게 이와 같은 고난을 극복해내게 할 수 있었던 것은 무엇일까?

그것은 플러스 인자가 용기와 힘을 주었기 때문이다. 그렇기 때문에 마샬 크라우스의 목숨은 구조된 것이다.

제9장

마음에 여유는 있는가

> 플러스 사고로 바꾸는
> '마음의 다이얼'을 녹슬게 하지 말라

스트레스에 반드시 이기는 비법

평온한 마음은 행복한 생활을 위해서도 일의 성공을 위해서도 없어서는 안되는 것이다. 긴장이나 스트레스가 없으면 마음은 평온하다. 그리고 플러스 인자가 힘을 발휘하기 쉬운 것도 마음이 그런 상태일 때이다.

그렇긴 해도 인생에는 고통스러운 시기도 있다. 그런 때에는 어떻게 해야 좋은가. 미국의 어느 저명한 정신병리학자는 말하고 있다. "중요한 것은 사실 그 자체가 아니라 그것을 어떻게 인식하느냐에 달려있다."라고.

제9장 마음에 여유는 있는가

곤란이나 위기에 직면했을 때 인간이 취하는 태도에는 크게 나누어 두 가지가 있다. 하나는 긴장하고 무서워하고 패닉에 빠지는 것. 또 하나는 옛날의 속담에 있듯이, '서두르면 일을 그르치는' 법. 누긋하게 마음먹고 대비하는 것이다. 이 비법——정말로 이것은 일종의 비법에 가깝다——을 몸에 익히고 있는 사람은 스트레스나 긴장에 이길 수 있다.

이것은 일상적으로 말하면 '마음 편히 먹으라'고 하는 말이 될 것이다.

성공하여 이름을 남긴 스포츠 선수는 모두 이 비법을 몸에 익히고 있다.

미국의 야구사에 그 이름을 남긴 고(故) 브랜치 리키가 언젠가 나에게 이렇게 말한 일이 있다. "수비나 타격이나 달리기가 아무리 좋더라도 '담배꽁초 만큼의 여유'가 없는 선수는 택하고 싶지 않다"고. 이 얼마나 회화적이고 아름다운 표현인가. 담배꽁초 만큼의 여유가 있는 자를 달리 상상할 수 있겠는가.

물론 이 '여유'는 태만이나 게으름으로 이어지는 일도 있다.

재미있는 이야기가 있다.

어느 여행자가 흙벽돌로 지은 인디안식의 독특한 집 앞을 지나치다가 집 앞에서 늙은 인디안이 꾸벅꾸벅 졸고 있는 것을 보게 되었다. 동부에서 온 그 일벌레 은행가는 이것을 보고 조금 화가 났다. 그래서 인디안에게 이렇게 말했다.

"촌장, 그런 곳에서 졸고만 있지 말고 마을로 나가서 일거리라도

제9장 마음에 여유는 있는가

찾아보면 어떻겠소?"

촌장은 한쪽 눈을 뜨고 말했다.

"무엇 때문에?"

"요즈음은 급료도 꽤 좋은 것 같아요. 일주일에 200달러 정도는 벌 수 있는 모양입니다."

"무엇 때문에 그런 돈이 필요하지?"

"일주일에 200달러를 벌면 저금도 할 수 있고, 투자도 할 수 있어요. 그러면 일을 그만두고 한가롭게 살 수도 있지요."

촌장은 양쪽 눈을 뜨고 말했다.

"이미 한가롭게 살고 있네."

이 인디안은 태만한 것일까? 아니면 그가 말하는 대로 한가롭게 살고 있는 것일까? 평가는 사람에 따라 갈릴지도 모른다. 어쨌든 이것은 내가 좋아하는 소화이다.

'유해물'로 마음의 주머니가 부풀기 전에 해야 할 것

평안은 마음을 편안히 가지려고 하는 생각만 있으면 누구나 얻을 수 있다. 그러기 위해서는 우선 긴장을 컨트롤하는 방법을 익혀야 한다.

현대과학은 릴랙스한 정신상태의 효용을 마침내 깨닫기 시작했는데 그와 동시에 육체를 릴랙스시키는 것이 얼마나 중요한가 하는 것에도 눈을 돌리기 시작했다. 현대에는 근육의 긴장을 푸는 것만으

제9장 마음에 여유는 있는가

로 얻어지는 효과에 대하여 모르는 사람은 없다고 해도 좋을 정도이다.

몸의 긴장을 푸는 것은 어려운 일이 아니다. 우선 똑바로 누워 편안한 자세를 취한다. 그리고 얼굴 근육에 대해 '힘을 빼라'고 말하면서 표정이 차츰 누그러지고 편안해지는 모습을 상상한다.

다음에는 폐를 향해 말한다.

"조용히 깊이 숨을 들이마시고…… 됐어요, 이젠 내뿜고…… 힘을 빼고."

그렇게 해서 서서히 아래쪽으로 내려가 다리의 근육, 발끝까지 힘을 빼나간다.

손은 손바닥을 위로 하여 천천히 밖으로 끌어당기듯 뻗는다. 손바닥을 돌려 자기에게 이렇게 들려준다.

"나는 지금 나의 내면에 안고 있는 곤란한 일, 불안, 긴장감 등 싫은 것을 모두 밖으로 토해내고 있다…… 힘을 빼고……."

그렇게 해서 싫은 것을 모두 밖으로 내보내고 근육의 긴강을 풀고 마음을 해방하는 것이다.

근육의 긴장은 여러 가지 폐해를 초래하기 쉽다. 그렇지만 근육을 긴장시키는 것도 푸는 것도 마음 먹기 나름이다. 언제나 평온한 마음으로 있을 수 있다면 몸도 긴장이 없어지고 순조롭게 활동해 줄 것이다.

마음의 평안을 얻기 위해 특히 중요한 것이 자기 마음과 원만히 사귀는 것이다. 여기까지 살아온 동안에는 후회하고 있는 것, 남에

제9장 마음에 여유는 있는가

게 말할 수 없는 것, 미움, 원한, 집념, 어리석은 것 등이 가득히 마음속에 고여있을 것이다. 대부분의 사람의 마음의 주머니 속은 유해한 것으로 가득하다. 그리고 그것이 밖으로 나가려고 할 때 손가락이 떨리거나 가슴이 두근거리거나 혈압이 올라가거나 하여 스트레스나 긴장감이 높아지는 것이다.

만일 당신의 마음도 그와 같은 것으로 가득차 있다면 (아니 유해한 것으로 가득찼다면) 당신은 아무리 시간이 흘러도 잠재적인 죄의식에서 벗어나지 못하고, 스트레스로 고통받게 될 것이다. 물론 자신도 거기에서 벗어나는 노력을 할 테지만 마음속을 깨끗히 해두지 않는 한, 마음에 평안이 찾아오는 일은 없다.

한번쯤은 마음 속에서 유해한 생각을 털어내어 깨끗이 비워야 한다. 하고나면 이것만큼 기분좋은 일은 없다.

'미움·원한'의 무게로 올라가지 않게 된 오른팔

며칠전 어느 도시에서 강연을 한 뒤에 호텔방에서 잠자리에 들 준비를 하고 있었을 무렵, 전화 벨이 울렸다. 여성의 목소리였다.

"지금 그쪽으로 차를 보내 드릴테니 저희집까지 오셔서 제 남편과 만나 주실 수 없을까요? 달리 남편의 병을 치료해 줄만한 사람이 없습니다."

나는 당황하여 말했다.

"죄송합니다만 저는 의사가 아닙니다."

제9장 마음에 여유는 있는가

"잘 알고 있습니다. 하지만 어느 의사도 남편의 병은 정신적인 요법밖에 고칠 수 없다고……."

"사정은 딱하지만 저는 정신과 의사도 아닙니다. 제가 찾아뵈어도 실망만 하실 뿐이라고 생각됩니다만."

"아닙니다. 남편은 선생님이 말씀하시는 것이라면 무엇이든 들을 거라고 생각합니다."

"그러한 문제가 아닙니다."

"예, 하지만 부탁드리겠습니다. 꼭 와주십시오 남편도 저도 선생님의 힘이 꼭 필요합니다."

그리고 차가 도착했다. 내가 실려간 곳은 저택이라고 불러도 좋을 만한 아주 훌륭한 집이었다.

남편이라는 사람은 우람하고 훌륭한 체격을 가지고 있고, 그야말로 진지하게 노력을 거듭하여 오늘의 자기 지위를 구축했다는 느낌이 드는 남자였다.

"대체 어떻게 되신 건가요?"

나는 물었다.

"기분이 흥분되어 도무지 잠을 이룰 수 없습니다. 그리고 팔이 이상합니다. 기능적으로는 아무런 이상도 없는 것 같고, 문제는 저의 마음 자세 같다고 하는 겁니다."

우리들은 의자에 걸터앉아 이야기를 시작했다.

"일은 잘되어 갑니까?"

나는 물었다.

제9장 마음에 여유는 있는가

"예, 그럭저럭…… 하지만 요즘 들어 마음에 안드는 일만 일어나고 있어요. 최근 입사한 젊은 녀석이 나를 배반했어요."

그렇게 말하고 장황하게 그 이야기를 한 뒤에 그 남자는 이렇게 말하고 입을 다물었다.

"그래서 해고했습니다. 그 녀석은 지금도 내가 저한테 돈을 지불할 의무가 있다고 우겨댑니다. 하지만 그런 돈은, 절대로 줄 수 없어요."

"그 사람을 별로 좋아하지 않는 것 같군요."

나는 그의 관심을 유도했다.

"이전에는 좋은 녀석이라고 생각하고 있었지요. 지금은 그렇지 않습니다. 못된 녀석이에요. 할 수만 있다면 이 오른손으로 실컷 두들겨주고 싶을 정도입니다."

"그렇습니다. 제 남편은 미움과 원한으로 가득차 있어요"라고 두 사람 곁에서 잠자코 이야기를 듣고 있던 부인이 참견을 했다.

나는 부인에게 잠시 두 사람만 있게 해주도록 부탁했다. 부인은 밖으로 나갔다.

"이야기해 보십시오. 당신은 자기의 잘못을 반성하고 깊이 후회한 일은 없습니까. 가능하다면 그렇게 하시는 것이 좋습니다. 그렇지 않으면 언제까지고 마음이 아파집니다. 아마도 그 때문에 팔이 올라가지 않는다고 생각됩니다만."

그 사람은 머뭇거리다가 잠시 후에 입을 열고 말했다.

"그렇습니다. 스스로도 잘못하고 있다고 생각하는 일을 몇가지 하

제9장 마음에 여유는 있는가

고 있습니다. 음험한 인간이 되고 싶지 않다고 생각은 하고 있는데 …… 이 오른팔을 내주어도 좋을만큼, 가능하다면 그런 일은 하고 싶지 않았는데.”

그 사람은 진심으로 오른 팔을 내주어도 좋다고 생각하고 있는 것 같았다. 이상한 일이지만 이 사람의 이야기 속에는, 위로 올릴 수 없는 그 '오른 팔'이라는 말이 여러 차례 나왔다.

나는 오랫동안 거기에 앉아서 이야기를 듣고 있었다.

모든 것을 이야기한 뒤에 그 사람은 눈을 들더니 슬픈 듯한 표정으로 말했다.

"이런 심한 이야기 들은 적이 있습니까?”

"물론.”이라고 나는 말했다.

"하지만 당신은 지금 마음 속이 아주 깨끗해져 있을 것입니다. 모든 것을 다 쏟아냈으니까. 이제는 자신의 잘못을 반성하고 깊이 후회하는 일만 남았습니다.”

몇개월 후 나는 다시 그 사람과 만났다. 그 사람은 전혀 다른 사람처럼 변했다.

"보십시오”

그렇게 말하고 그 사람은 오른팔을 가볍게 머리 위로 들어올렸다.

"아픔은 없어졌습니다. 마음 상태도 아주 좋아요. 당신이 말씀하신 대로 했습니다. 자신의 잘못을 깊이 반성하고 났더니 마음에 평온이 되돌아왔습니다.”

잘못을 솔직하게 인정한다. 그것을 깊이 반성한다. 그것을 했을

제9장 마음에 여유는 있는가

뿐인데 마음의 평안을 얻을 수 있었던 것이다.
　당신도 마음의 주머니에서 모든 독을 토해내고 깨끗이 비워보면 어떻겠는가. 그것이 마음의 평안을 얻는 열쇠, 플러스 인자를 끌어내는 열쇠이다.

제10장
희망을 가지라

미래에 눈을 돌리고 있으면
폭풍우가 빨리 지나간다

'어떻게든 된다'고 생각하면 새벽은 반드시 다가온다

잠시 멈춰서서 생각해 보기 바란다. 당신에게 날마다 살아가는 활력을 주고 있는 것은 무엇인가. 고통스러울 때도 괴로울 때도 이를 악물고 살아갈 수 있는 것은 무슨 이유인가. 고통스러운 일이 그리 오래는 계속되지 않는다고 믿게 하는 것은 무엇인가.

그것은 단지 두 글자로 이루어진 말, 실패를 성공으로 이끌고, 병을 고치고, 약함에서 일어서게 하는 밑바닥을 알 수 없는 가능성을 간직한 말——그렇다, 그것은 희망이다.

사도 바울은 희망이 인간에게 주는 영향을 잘 알고 있었다고 보이는데, 이 세상에서 아주 소중한 것으로서 사랑, 믿음과 함께 이

제10장　희망을 가지라

희망을 들고 있다.

희망에는 두뇌를 명석하게 하는 작용이 있다.

나의 지기(知己)로, 희망적으로 생각함으로써 언제나 훌륭한 성과를 올리고 있는 멋진 여성이 있다. 희망적인 사고가 두뇌를 명석하게 하고 가장 좋은 결과를 이끌어내는 것을 몸소 증명하고 있는 듯한 여성이다.

그녀가 임원으로 근무하고 있는 기업단체의 임원회의에서, 매우 어려운 문제가 제기되었을 때의 일이다. 여러 시간에 걸쳐서 토의가 행해졌으나 결론을 내리지 못하고, 참석했던 5명의 남성 임원들은 해결 불가능이라는 비관적 결론으로 기울어졌다.

그렇지만 이 여성은 달랐다. 그녀는 말했다.

"잠시 기다려 보십시오. 문제는 무엇이지요? 해결할 수 없는 듯이 보이는 상황이 여러 가지 겹쳐있을 뿐이잖아요. 해결방법은 언제나 있을 것입니다. 그것을 찾아내는 것이 우리들의 일이 아닙니까. 그럴 마음만 가지고 있다면 문제는 금방 해결할 수 있습니다."

회의 테이블을 에워싸고 있던 남성들은, 이 무슨 천진한 소리……라고 말하려는 듯이 씁쓸한 웃음을 지었다. 그녀는 계속했다.

"그 첫걸음은 희망적으로 생각하는 것입니다. 비관적인 생각은 접어두어야 합니다. 그렇지 않으면 머리는 돌아가지 않습니다. 이렇게 전제해 봅시다. 해결방법은 있고, 우리들도 그것을 발견할 수 있는 두뇌가 있다고."

이 발언이 회의실의 분위기를 일신했다. 테이블을 에워싸고 있는 임원들은 진지하게 머리를 회전시키기 시작했다. 그리고 한가지 한

제10장 희망을 가지라

가지 문제를 재검토하여 잘못을 발견하고, 큰 고생도 없이 그것을 정정했다.

그렇게 할 수 있었던 것은 한 사람의 건설적 여성이 절망적으로 보였던 상황에 희망이라는 한줄기 빛을 비추었기 때문이다.

어떤 일이든 '할 수 없다'거나 '안된다'고 말하고 가볍게 포기해서는 안된다. 신은 아무리 어렵게 보이는 문제라도 어떻게든 해결할 수 있는 능력을 우리에게 부여하신 것이다. 아무리 절망적인 상황이라도 '어떻게든 된다'고 하는 신념과 희망을 가지고 사태에 임하면 어떻게든 되는 법이다. 머리 속을 '할 수 없을지도 모른다'고 하는 생각이 스치지 않는 한 새벽은 반드시 찾아온다.

'만일…'이 아니라 '이 다음에는'을 반복해 사용하라

희망을 갖는다는 것은, 희망의 실현을 '바란다'고 하는 것이다. 그리고 이 눈에 보이지 않는 '바란다'고 하는 것이 일의 실현에 큰 역할을 수행한다.

세상의 부모들은 알고 있다. 어린이에게 어떤 기준에 따라 살도록 기대하고, 어떤 형태로 그것을 전하면 어린이는 의외로 그 기대에 부응해 주는 것이라고.

풋볼 코치들도 잘 알고 있다. 선수에게 어떤 기대를 하면 선수는 그 기대에 부응해 주는 일이 많은데 아무 것도 기대하지 않으면 그대로의 결과밖에 돌아오지 않는다는 것을.

이 심리를 심리학자는 '자기실현성 예언'이라고 명명하고 있다.

제10장 희망을 가지라

III

하버드 대학의 심리학자 로버트 로젠타르 교수는 이것을 뒷받침하는 흥미깊은 실험을 몇가지 실행하고 있다.

교수는 샌프란시스코의 슬럼가를 찾아가 예절교육도 제대로 되어 있지 않고 학교 성적도 좋지 않은 빈곤 가정의 어린이 24명을 무작위로 선발하여 두 그룹으로 나누어 실험을 했다.

하나의 그룹에는, 이 아이들에게는 우수한 능력이 있다고 사전에 인지시켜둔 교사를 몇사람 붙이고, 나머지 12명에는, 이 아이들에게는 전혀 능력이 없고, 무엇을 가르치더라도 소용없을 것이라고 전하고, 역시 복수의 교사를 붙였다. 그리고 같은 커리큘럼으로 수업을 행하게 했다.

반년이 지났다. 결과를 조사해 보니, 능력이 있다고 전하고 맡겼던 학생들은 눈부신 진보를 이루고 있었으나 다른 한쪽 학생들은 이전보다 침착성이 없어지고 산만해지기까지 했다.

이 결과에서 알 수 있듯이, 인간이란 기대받으면 기대받은 만큼 부응할 수 있는 존재인 것이다. 마찬가지로 당신의 소원이나 무의식의 마음이 강해지면 그것이 플러스 인자의 문을 열고 에너지가 되어 소원을 이루어주는 것이다.

희망을 가지고 있느냐 없느냐는 그 사람이 향하고 있는 방향에서 금방 알 수 있다. 희망을 가지고 있는 사람은 미래에 눈을 돌리고 있다. 후회만 하고 희망을 가지고 있지 않은 사람은 과거에 눈을 돌리고 있다.

유명한 정신과의사이며 나의 친한 친구이기도 한 스마일리 브랜튼 의학박사는 치료실에 테이프 레코더를 두고 희망상실이나 욕구

제10장 희망을 가지라

불만에 괴로워하고 있는 환자에게 공통되어 있는 고뇌를 녹음하고 있다. 물론 신원은 감추어져 있는데, 이따금 새로운 환자에게 그 테이프를 들려주고 반복해서 나오는 중요한 말은 무엇이냐고 묻는 일이 있다고 한다.

그 말이란 '만일'이라고 한다.

자기를 불행하다고 생각하고 있는 사람은 과거의 실패나 인간관계의 실패, 불행한 사건을 돌이켜 보고는 그 때마다 '만일'을 반복한다고 한다.

"만일 더욱 현명한 결단을 내렸더라면……." "만일 다른 방법으로 했었더라면……." "만일……." "만일……." 하고 영원히 '만일'이 계속되는 것이다.

박사는 말한다.

"바로 그거지. 후회라는 늪에 빠져있는 거라구. 보는 방향을 바꾸지 않는 한 행복하게 될 수는 없을 거야. 그 사람에게 반복적으로 사용해 주기를 기대하는 말은 '만일'이 아니라 '이 다음에는'이라는 말이지. '이 다음에는 지금까지와 같은 실패를 반복하지 않고 성공해 보이겠어'라는 말이 되어야만 하는데."

브란튼 박사가 말하고자 하는 것은 어떠한 것일까?

한마디로 말하면 '희망을 가지라'고 하는 것이다. 그것이 희망을 잃고 있는 사람에의 박사의 치료약인 것이다. '이 다음에는'이란 얼마나 희망에 가득찬 말인가. 이 말이 인생에 실망한 사람들에게 다시 일어설 기력을 주는 것은 틀림이 없다.

제10장 희망을 가지라

고통스러울 때는 이 약을 하루 3회 복용하고 싶다.

희망의 이야기로 생각나는 것이 있다. 실업가인 친구의 사무실에는 한 장의 낡은 석판화가 눈에 띄는 장소에 걸려 있다. 무채색으로, 입발린 말로도 아름답다고는 말하기 곤란한 석판화이다.

거기에 그려져 있는 것은 보기 흉한 거룻배이다. 보통 보트의 3배 정도 크기에, 바닥이 편평하고 양끝이 높이 올라간 거룻배이다. 배에 있어야 할 두 개의 노는 아무렇게나 해변 위에 버려져 있는 것이 그야말로 삭막한 느낌이 든다. 바닷물은 빠져있다. 거룻배는 모래사장의 높은 지대로 밀려올가가 있고, 그림의 거무스름한 쪽으로 멀리 파도치는 바다의 모습이 보이고 있다.

전체의 인상으로서는 매우 어둡다. 해변으로 밀어올려진 보트만큼 절망적이고 정체를 결여한 인상을 주는 것은 없다. 모래 위의 보트는 밀어도 당겨도 꿈쩍도 하지 않는다. 멀리 물이 빠진 해변에 오도카니 남겨져 있다.

그렇지만 이 그림의 가장 아래에 이러한 말이 쓰여 있었다.

"바닷물은 언젠가 반드시 차오른다."

바닷물이 차오르면 지금은 움직이지 않는 거룻배도 생기를 되찾을 것이다. 힘찬 파도 위에서 몸체를 흔들며 춤출 것이다. 그렇다, 바닷물은 언젠가 다시 차오르는 것이다.

나는 소유주에게 왜 언제나 이것을 걸어놓고 있느냐고 물어 보았다.

제10장 희망을 가지라

그 사람은 말했다.

"이 석판화는 모든 일이 잘 되지 않아 침울한 기분에 빠져 있을 때, 안티크 가게에서 발견하고 쓰여져 있는 문장에 격려받을 것이라는 생각이 들어 몇 달러를 주고 구입했어요. 이것을 보면 생각나는 것이 있지요. 슬픔은 언제까지나 계속되지 않는다는 것을. 폭풍우는 언젠가 사라진다는 것을. 바닷물은 언젠가 다시 반드시 차오른다는 것을. 그래서 늘 이 석판화를 걸어놓고 있습니다."

나에게도 고통스런 시기는 있었다. 고통스러운 시기가 없는 사람이 어디에 있겠는가. 그러므로 고통스러운 때는 그것이 언제까지고 계속될 듯한 기분이 들어 모든 것을 절망적으로 보거나 심지어는 자기만이 비극의 주인공이라고 되는 양 침울한 기분에 빠져있는 것도 모르는 바는 아니다. 그렇지만 그것을 변명으로 삼아서는 안된다.

고통스러운 상황에 빠졌을 때의 특효약은 '희망'이다. 이것을 하루에 3회 복용하고 상황을 개선해야 할 것이다. 결코 "이젠 틀렸다. 어찌할 수가 없다."는 따위로 말해서는 안된다. 조금이라도 "이런 상황을 극복할 리가 없다"는 따위로 생각하는 것도 안된다. 커다란 목소리로 자기를 타이르는 것이다.

"지금은 바닷물이 빠져있을 뿐이다. 이제 곧 다시 차오른다."라고.

'어떤 폭풍우도, 언젠가는 사라지는 것이다'

나는 이 '희망적으로 생각한다'고 하는 것을 아주 어릴 때에 익혔다는 기분이 든다.

제10장 희망을 가지라

어린 시절, 매년 여름이 되면, 나는 형 보브와 함께 오하이오 주의 린치버그에 있는 조부모의 집으로 놀러 갔다. 조부모의 집 바로 곁에는 한 그루의 큰 나무가 있었다.

어느날 밤, 할머니가 우리들을 침실로 들어가게 한 직후에 엄청난 폭풍우가 휘몰아쳤다. 집 주위를 사납게 몰아치는 바람은 마치 스코틀랜드의 전설에 나오는, 죽음을 예고하는 요정의 울음소리와도 같았다. 번개불이 번쩍이고 천둥소리가 요란하게 울려퍼졌다. 빗방울이 덩어리져 유리창을 사납게 때리고 집 전체가 흔들렸다.

보브도 나도 무서워졌다. 내가 자고 있는 곳에서 번개불이 번쩍일 때마다 비추어지는 거대한 나무의 실루엣이 보였다. 그것은 우로 좌로 크게 흔들렸다. 그것을 보고 있는 동안에 나는 공포에 휩싸였다. 나는 외쳤다.

"보브, 큰일 났어. 나무가, 나무가 쓰러지고 있어!"

우리들은 침대에서 벌떡 일어나 계단을 겅중겅중 뛰어내려와 할머니에게로 달려갔다. 할머니는 석유 램프 곁에 앉아서 조용히 책을 읽고 계셨다.

"할머니, 할머니!"

할머니는 온화한 표정으로 대답하셨다.

"왜 그러니?"

"나무가, 나무가 쓰러질 것 같아요."

할머니는 매우 현명한 사람이었다. 우리들 둘을 두 팔로 껴안듯이 하고 비바람이 세차게 몰아치는 문밖으로 데리고 나갔다.

할머니는 말씀하셨다.

제10장 희망을 가지라

"너희들은 이렇게 비가 얼굴을 때리는 것이 멋진 일이라고 생각지 않니. 이렇게 밖으로 나와 바람을 맞아보는 것이 뭐랄까 굉장한 것처럼 느껴지지 않니? 이 빗속에는 말이지, 하느님이 계시는 거야. 바람 속에도 그렇고.

그러니까 나무 걱정은 하지 않아도 되는 거야. 나무는 즐기고 있는 것이니까. 자, 보렴! 저 나무는 바람에 몸을 맡기고 오른쪽으로 왼쪽으로 저렇게 몸을 흔들거리고 있잖니. 나무는 바람과 싸우고 있는 것이 아니야. 사이좋게 놀고 있는 것이지. 바람이나 비와 함께 노래를 부르고 있는 거라구.

오늘밤 나무가 쓰러지는 일은 없을 게다. 저 나무는 앞으로도 쭉 저기에 꿋꿋이 서있을 테니까.

자아, 이젠 들어가 자거라. 이 비와 바람 속에는 하느님이 계시는 거니까, 아무런 걱정도 할 필요가 없어. 그리고 비도 바람도 언젠가는 분명히 그치는 거란다."

단지 이것뿐이었지만, 이 경험이 그로부터의 나를 격려하고, 용기를 북돋아주었음은 확실하다.

최근, 그 일을 생각나게 하는 기회가 있었다.

워싱턴 D.C.의 공항에서 뉴욕행 여객기에 올라 이륙을 기다리고 있을 때의 일이다.

여객기는 이미 활주로로 나와 있었다. 그런데 갑자기 구름의 진행이 빨라지고 주위가 순식간에 어두워졌다. 그 때 포트맥강에서 맹렬한 기세로 바람이 몰아치더니 격렬한 빗줄기가 기체를 때렸다. 기체가 흔들렸다. 기내에 있던 승객들은 불안해졌다. 그 때 기내에서 조

제10장 희망을 가지라

종사의 어나운스가 흘렀다. 약간 남부 억양이 있는 목소리였다.
"승객 여러분."
누긋한 어조였다.
"이 공항의 바로 위에는 폭풍우의 중심이 있습니다. 이와 같은 기상조건 아래서는 이륙할 수가 없습니다. 중심이 이동할 때까지 잠시 기다려 주십시오. 예보에 따르면, 앞으로 45분 정도 걸린다고 합니다.
상용으로 급히 뉴욕에 가시는 분께서는 부디 짜증을 내시지 말고 편한 마음으로 자리에서 안전하게 휴식을 취하시기 바랍니다. 이 여객기는 한동안 이륙할 수 없습니다.
그런데 나는 이 비행기를 바람 위로 돌리겠습니다. 그쪽이 흔들림이 적어집니다. 부디 염려하실 필요는 없습니다."
그렇게 말한 후에 이 조종사는 덧붙였다.
"어떤 폭풍우도 언젠가는 사라지는 것이므로."
그렇다, 폭풍우는 반드시 사라진다. 그것을 알고, 그것을 믿는 데서 희망이 생기고 지혜가 자라는 것이다.

인간은 여기까지 강해질 수 있다!

벌써 몇년 전의 일인데, 잡지 『가이드 포스트』에 한가지 실화를 발표한 일이 있다. 희망을 품고, 그 희망이 실현되는 것을 믿으면 아무리 가혹한 상황이라도 참아낼 수 있다는 것을 증명하는, 매우 인상적인, 지금도 잊을 수 없는 이야기이다.

제10장 희망을 가지라

찰스와 루신다 부부는 플로리다의 오키초비 호반에서 살고 있었다. 그 날의 일은 잊을 수가 없다. 그때 남부 플로리다에 있던 모든 사람이 그러했을 것이다.

9월의 그 날, 기상 사상 유례가 드문 대형 허리케인이 아무런 전조도 없이 카리브 해에서 발생했다. 허리케인은 맹렬한 기세로 마이애미로 상륙하고 플로리다 반도를 습격하여 많은 인명을 빼앗았고 집과 건물을 파괴시켰다.

그때 루신다는 자그마한 자택의 문가에 서서 의심스럽게 하늘을 쳐다보고 있었다. 하늘은 기분나쁜 누런색을 띠고 있었다. 밑에서 치밀어오르는 바람이 야자나무의 큰 잎을 때리고 사납게 쏟아져 내리는 비를 거의 가로방향으로 날려버렸다.

루신다도 남편 찰스도 무엇이 일어나고 있는지 알 수 없었다. 아직 허리케인 주의보다운 것이 나오기 전의 시대였다.

두 사람이 안 것은, 순식간에 눈앞의 3미터 정도의 제방이 무너지고 호수의 물이 넘쳐흘러 집쪽으로 밀려왔다는 것 뿐이었다. 미처 생각할 겨를도 없이 그 순간 집의 지붕이 마치 판지로 만든 장난감처럼 날아가 버렸다. 죽음의 위험이 바로 눈앞에 닥친 것이다.

두 사람은 세 아이를 팔에 안고 뛰어나가 피난장소를 찾았다. 눈에 띈 것은 몇 차례의 풍우에 견디어낸 한 그루의 구부러진 고목뿐이었다. 그것이 이번에도 버티어낼 수 있을지는 차치하고 그것밖에 의지할 것이라곤 아무 것도 보이지 않았다.

나무를 향해 달리는 두 사람의 뒤를 호수의 물살이 뒤쫓아오고, 두 사람은 퍼붓는 빗줄기에 흠뻑 젖었다. 모든 것들이 미끌미끌했다.

제10장 희망을 가지라

찰스가 안고 있던 아들을 물속에 떨어뜨렸다. 찰스는 또 한 아이를 한쪽 팔로 끌어안아 균형을 잡고 소용돌이를 일으키며 흘러가는 쓰레기 더미 위에서 간신히 그 아이를 끌어올렸다.

물에 떠내려가는 나무와 고목이 몸에 부딪혔다. 그런 물살을 뚫고 간신히 나아가 그럭저럭 그 나무가 있는 곳까지 도달하자 두 사람은 안전한 장소를 찾아 나무 위로 올라갔다.

비바람은 더욱 거세질 뿐이었다. 그들은 수위가 올라올 때마다 위로위로 올라가, 이제 더 이상은 올라갈 수 없는 곳까지 왔다. 그래도 수위는 계속 차오르고, 결국 두 사람의 어깨 높이까지 물에 잠겼다. 두 사람은 아이들을 머리 위로 들어올렸다. 그 이외에 아이들을 구할 방법이 없었다.

바람은 그들을 마구 때리고 흔들고 빗줄기는 얼굴을 거세게 휘갈겼다. 밤이 되었다. 수위는 조금씩이긴 했으나 여전히 올라오고 있었다.

"신디, 이젠 틀렸어."

찰스가 말했다. 그것을 억제하듯이 루신다가 말했다.

"그렇지 않아요. 틀렸다는 말은 없어요. 반드시 살 수 있어요. 당신은 잠자코 아이들을 떠받치고 있으면 돼요."

비바람은 그칠 기미를 보이지 않았다. 찰스가 다리가 미끄러져 두 아들과 함께 하마터면 물속으로 휩쓸려들어갈 위기에 처했다. 루신다는 어린 딸 에피 앤의 팔을 자기 목에 휘감고 발을 가지에 고정한 다음 물속에 손을 밀어넣어 두 아들을 끌어올렸다. 그리고 찰스가 자력으로 나무를 붙잡을 때까지 세 아이들을 혼자 끌어안고 버

제10장 희망을 가지라

티었다.

그래도 물은 빠질 기미가 없이 흙탕물이 뒤범벅된 죽음의 손이 캄캄한 어둠의 배후에서 다가오고 있었다.

"틀렸어."

찰스가 눈물젖은 목소리로 말했다. "이렇게 발버둥쳐봐야 살아날 가망이 없어."

루신다는 바람을 향해 힘찬 목소리로 말했다.

"아뇨 살 수 있어요!"

그렇게 말하더니 루신다는 하필이면 그 위기의 순간에 찬미가를 부르기 시작했다. 사납게 몰아치는 바람에 지지 않겠다고 희망을 담아서.

찬미가는 바람을 타고 날아갔다. 그 때 동쪽하늘에 번개가 세 번 번쩍이는 것을 루신다는 보았다. 그것은 단순한 번개였을지 모른다. 그렇지만 루신다의 마음에는 신께서 소원을 들어주신 증거처럼 생각되었다.

"하느님, 고맙습니다. 고맙습니다."

루신다는 작은 목소리로 중얼거렸다.

바람은 약해졌다. 주위도 조용해졌다.

천천히 물은 빠지고 있었다. 다음날 낮에는 나무에서 내려올 수 있었다. 다섯 명 모두 온몸에 상처가 나고 배고픔으로 몹시 초췌해졌으나 분명 살아 있었다. 그들은 몸을 질질 끌듯이 하면서 구제본부까지 도착하여 식량을 얻고 몸을 풀었다.

한 여성의 신념이 공포의 하룻밤에서 가족을 구했던 것이다.

제10장 희망을 가지라

 그러므로 희망을 가지고 살아가자. 고통스러운 일이 그렇게 오래 지속될 리가 없다. 폭풍은 잦아들고 곤란도 언젠가는 극복할 수 있다. 그것을 믿고 희망을 가지고 살아나가자.

제11장
배려하는 마음

자기 인생을 완전 연소시키고 있는 사람은
타인에게도 따스하다

적극적 인생을 보내기 위한 13가지 조건

일본의 고도(古都) 쿄토에는 유명한 석정(石庭)이 있다. 흰 모래에 갈퀴로 흔적을 내고 그 위에 얼핏 보아 불규칙하게 보이는 13개의 큰 돌을 놓았을 뿐인 석정이다.

이 13개의 돌은 여러 세기에 걸쳐서 사람들의 마음에 의문을 던지고 있다. 이와 같은 일체의 허세를 생략한 간소성에서 대체 무엇을 전하려 하고 있는가.

어떤 사람은 13개의 돌은 인간의 13가지 번뇌를 나타내고 있다고 말하고, 어떤 사람은 13가지 행복을 나타내고 있다고 말하고, 각각의 의미에 머리를 싸매고 있다. 또 어떤 사람은 13개의 돌은 어디서

제11장 배려하는 마음

 보더라도 전체가 보이지 않도록 배치되어 있는 점에 의미가 있다고 말한다. 그런가 하면 이 석정을 보고 있으면 마음이 누그러지고 편안해진다는 사람이 있는가 하면 촉발되어 마음이 넓어진다고 말하는 사람도 있다.

 어떤 의미에서 이 석정은 유명한 롤샤하 검사와 같다. 그 자체에는 아무 의미도 없는 잉크 얼룩 같은 것을 보이고, 무엇이 보이는가로 환자의 심리상태를 읽으려고 하는 그 검사이다.

 내가 최근에 그 석정에 갔을 때의 일이다. 머리속이 플러스 인자 문제로 가득했던 내가 13개의 돌을 보면서 어떻게든 이것을 플러스 인자와 결부시킬 수 있지 않을까 하고 생각하고 있었다.

 예를 들면, 하고 나는 마음 속으로 중얼거렸다. 이 하얀 모래는 우리들 한 사람 한 사람이 가지고 있는 플러스 인자의 전체상. 여기 있는 13개의 돌은 플러스 인자를 나오기 쉽게 하는 인간의 태도나 마음의 자세라고 하면, 이 돌은 사랑인가? 나는 하나의 돌을 골라 거기에 시선을 집중했다. 그리고나서 이것은 교만하지 않는 마음이로구나. 이것은 끈기. 그리고 이것은 기도하는 듯한 소원이로구나.

 그렇게 해서 12개째까지는 수월하게 정해졌다. 그러나 13개째에 막히고 말았다. 아무리 생각해도 적당한 말이 떠오르지 않는 것이다. 나는 어찌할 도리가 없어 단념하고 말았다.

 "그래 좋아, 생각이 나지 않아도 할 수 없지. 어차피 돌덩이인데."

 그렇게 말하고 난 뒤에 하나의 말이 메아리처럼 내 머리 속을 스쳐 지났다.

 "그렇다, 상대를 배려하는 마음, 동정심이다. 이것이 그 13번째 돌

제11장 배려하는 마음

이 상징하고 있는 것이다."

그 돌에 의미가 있느냐 없느냐는 별개로 치고, 상대방을 생각해 줄 수 있는 사람, 상대방의 마음이 되어 행동할 수 있는 사람이라는 것은 플러스 인자가 활발한 활동을 하고 있는 사람이다.

우리들은 "그 사람은 배려심이 있는 친절한 사람이다"라는 말을 자주 입에 담는다. 그때 그 말을 통하여 정말로 말하고 싶은 것은 무엇일까. 그 사람은 진정한 행복을 알고 있는 사람이라는 것이 아닐까. 그리고 진정한 행복으로 이어지는 길이, 사람에게 친절을 다하고 배려심을 갖는 것이라고 생각하는 것이다.

인간은 어디까지 자기를 희생할 수 있는 존재인가

배려심은 무상의 행위인 것이 사실이다. 즉흥적인 생각에서 나온 것이나 속셈이 있는 것은 진짜가 아니다. 그러한 '배려'는 플러스 인자를 끌어내지 못한다.

다시금 생각해 보면, 타인을 배려하는 마음이라는 것은 인간이 갖는 훌륭한 자질이 아닐까. 인간은 자기 보존욕이 무엇보다도 우선한다고 일컬어지고 있다. 그렇지만 그렇지 않을 때도 있다. 상대를 배려하는 마음 쪽이 자기 보존욕보다 강한 경우도 있는 것이다.

며칠전 텔레비전에서, 4, 5년 전에 워싱턴에서 일어난 항공기 참사, 78명의 인명을 앗아간 그 여객기 사고를 토대로 한 드라마를 방영하고 있었다.

그때, 눈보라 속에서 장시간 활주로에 대기하고 있던 비행기는 날

제11장 배려하는 마음

개에 얼음이 달라붙어 이륙에 실패하고 14번가의 다리 난간 사이에 꼬리날개 부분을 부딪히면서 그대로 포트맥 강의 꽁꽁 얼어붙은 얼음을 꿰뚫고 차가운 물속으로 미끄러져 들어갔던 것이다. 자력으로 수면 위에 다시 떠오른 것은 불과 손가락으로 헤아릴 정도의 승객이었다. 나머지 사람들은 비행기와 함께 캄캄한 수면 밑바닥에 잠겨 버렸다.

구조활동은 좀처럼 진척되지 않았다. 최악의 궂은 날씨와 함께 저녁의 러시아워로 다리 위의 교통은 마비상태였다.

눈이 내리는 하늘을 한 대의 헬기가 날아올랐다. 타고 있는 것은 유능한 두 사람의 구조대원, 패러슈트 위생병인 진 윈저와 베트남 전쟁에서 장시간의 비행경험을 가진 조종사 돈 애샤였다.

헬기는 얼음 조각이나 수면에 나와 있는 꼬리날개를 붙잡고 있는 5명의 생존자 위를 선회하다가, 머리가 벗겨지고 턱수염을 기른 중년 남성의 팔안에 로프를 떨어뜨렸다. 그런데 그 남성은 로프를 자기 몸에 붙들어매는 대신에 근처에 있던 여성에게 건네주었다. 헬기는 그 여성을 구조했다.

돌아온 헬기는 다시 한 번 그 남성에게 로프를 던졌다. 남성은 이번에도 또 그 로프를 곁에 있던 사람에게 건네주었다.

헬기는 4명의 생존자를 산기슭으로 운반했다. 그 중의 한 여성이 로프에서 미끄러져 다시 차가운 물속으로 떨어졌다. 추위에 지치고 손이 얼어 로프를 단단히 잡을 수가 없었던 것이다.

강기슭에서 보고 있던 구경꾼 중 한 사람이 코트를 벗어던지고 얼음이 얼어붙은 강 속으로 뛰어들었다. 레니 스쿠토니크라는 정부

제11장   배려하는 마음

예산부문의 사무관이었다. 후일담에 따르면, 이 사람은 인명구조에 대해서는 완전한 풋나기였다고 한다. 그래도 물에 빠진 사람을 눈앞에 보고 그냥 수수방관할 수가 없어서 자기 목숨을 희생해서라도 구하고 싶다고 생각했다고 한다. 그 여성은 그 사람 덕분에 무사히 구조되었다.

그런데 헬기가 다시 머리가 벗겨진 남성에게 돌아가 보니, 그 모습은 이미 보이지 않았다고 한다. 구조대원 진 원저는 말하고 있다.

"나로서는 잊을 수가 없습니다. 다른 사람을 끌어올려 이동할 때, 이쪽을 말끄러미 쳐다보고 있던 그 사람의 창백한 얼굴이. 그 사람은 알고 있었을 것입니다. 이번에 우리가 돌아왔을 때에 자기 모습은 이미 거기에 없을 것이라는 사실을."

이 머리가 벗겨진 남성은 애틀랜타의 은행 간부, 아란드 D. 윌리엄즈였다고 일컬어지고 있다. 어쨌든 이 사람이 자기에게 던져진 구명밧줄을 잠시 생각해볼 겨를도 없이 생판 모르는 타인에게 건네준 사실은 움직일 수 없다.

구조활동의 사명을 다한 진 원저 대원은 아내에게 전화를 넣어 무사히 일을 끝냈음을 전한 뒤에 이 남성의 이야기를 하려다가 그 자리에서 울음을 터뜨렸다고 한다.

항상 상대의 입장이 되어 일을 생각하면 자기가 해야 할 것은 명백하다

무상의 사랑은 이와 같은 영웅적 행위가 되어 섬광처럼 모습을

제11장 배려하는 마음

나타내는 일이 있는가 하면, 플로렌스 나이팅게일처럼 그것이 일생 계속되는 일도 있다. 알베르트 슈바이처 박사도 그러했다. 박사는 음악가로서의 재능을 버리고, 아프리카의 정글에 사는 사람들을 위해 의사로서 생애를 바친 것이다.

이러한 사람들을 보고 있으면, 그리스도로 통하는 무엇인가를 느끼지 않을 수 없다. 톨스토이도 과거에 링컨에 대해 '작은 그리스도'라고 말했는데 나도 그렇다고 생각한다.

극적인 이야기만이 무상의 사랑은 아니다. 평상시의 사소한 마음의 배려나 친절 등 일상적인 행위 중에도 무상의 사랑은 헤아릴 수 없을 만큼 모습을 나타내고 있다.

바로 얼마 전의 일인데 비행기로 여행하는 사람에게 흔히 있는 사소한 트러블에 휘말렸다.

나는 중서부의 어느 목적지에 무사히 도착했는데, 짐이 도착하지 않은 것이다. 수하물을 싣고 덜컹덜컹 움직이는 회전식 수하물대 곁에서 많은 슈트케이스가 연달아 운반되어 오는 것을 보면서 묵묵히 기다렸다. 그렇지만 내 짐은 나오지 않았다. 그래도 인내심을 가지고 기다리고 있는데 기내에서 두 세마디 말을 나누었던 기장이 지나갔다. 그 사람은 내 모습을 알아보고 곁으로 다가와, 뭔가 곤란한 일이라도…… 하고 말을 걸어 주었다.

설명을 들은 기장은 고개를 끄덕이며 말했다.

"시카고에서 환승하셨을 때 착오가 생겼을 것입니다. 아마 다음 편으로 도착할 것으로 생각합니다. 모쪼록 걱정하지 마시고 먼저 호텔로 가십시오. 도착하는 즉시 보내 드리겠습니다."

제11장 배려하는 마음

　나는 일부러 수고를 할만큼 번거로운 일도 아니라고 사양했으나 꼭 그렇게 해야 한다기에 호의를 받아들이기로 하고 택시를 타고 호텔로 갔다.
　두 시간 정도 지나서 노크 소리가 들렸다. 나는 항공회사가 심부름센터에 의뢰하여 슈트케이스를 보내왔을 것이라고 생각하고 문을 열었다. 그런데 거기에 서있는 것은 금색의 견장이 번쩍이는 기장, 바로 그 사람이었던 것이다. 나는 깜짝 놀랐다. 그와 같은 지위에 있는 사람이 전혀 안식도 없는 나를 위해 일부러 손수 짐을 들고 오다니! 그런 생각을 하면서 진심으로 고마움을 표했더니 기장은 말했다.
　"갈아입을 내의가 없으면 난처할 테니까요."
　상대의 입장이 되어 일을 생각할 수 있는 사람이구나……. 그렇게 생각했다. 자기 사정은 접어두고 나에 대해 먼저 생각해 주는 사람이므로.
　이 기장은 후에 대형 항공회사의 기장으로 발탁되었다. 충분히 이해가 가는 이야기이다. 어느 날인가 이 사람이 항공회사의 사장이 되었다 하더라도 놀랄 일이 아니다. 나는 알 수 있다. 플러스 인자가 시종 이 사람을 뒤에서 밀어주고 있다는 것을.

자기의 '카르테'에는 과감하게 높은 자기 평가의 '소견'을 써넣으라

　타인의 배려나 애정을 접하고 비로소 그러한 것에 눈뜨는 사람도

제11장 배려하는 마음

있다. 내가 이전에 알았던 사람으로, 소아마비로 몸이 뒤틀려 많은 장애를 가지고 있음에도 불구하고 누구에게도 못지않은 강인한 마음을 가지고 있는 사람이 있었다. 그 사람은 이렇게 말했다.

"몸은 꼬여 있더라도 마음은 꼬이지 않았습니다."

언젠가 나는 그 사람에게 이렇게 물었다.

"당신은 그 훌륭한 수양을 어디서 익혔나요. 처음부터 그러했나요?"

그 사람은 대답했다.

"천만에요. 처음부터라니, 말도 안되죠. 십대 무렵에는 자기 중심적이고 굉장히 마음이 거칠었습니다. 로커룸이나 타인의 눈이 있는 곳에서 옷을 벗어야 할 때는 비참한 기분에 빠져 견딜 수 없었습니다. 정기적인 건강진단조차 견디지 못하고 끝난 뒤에는 자기혐오에 빠져 언제쯤이나 이런 시련에서 벗어날 수 있을까 하는 불안으로 가득했습니다.

그런데 어느 날의 일이었습니다. 그때까지 진찰받은 일이 없는 다른 의사에게 진단받는다는 새로운 고통을 참아내야만 했습니다. 그 의사는 잠시의 짬도 없을 만큼 기계적이고 직업적이었지만 그래도 나는 비참한 심정이었습니다.

진찰이 끝나자 그 의사는 옷을 입으라고 말하고 의자에 앉아 여러 가지 질문을 하더니 책상 위의 카르테 같은 것에 뭔가를 써넣었습니다. 그리고는 일어서더니 10분 정도 실례하겠다고 말하고 진찰실을 나가버렸습니다.

나는 잠시 동안, 책상 위의 카르테를 물끄러미 바라보면서 얼마나

제11장 배려하는 마음

추악한 것이 쓰여 있을까 하고 생각하고 있었는데, 그럭저럭하다가 더 이상 참지 못하고 서류를 훑어보게 되었습니다.

거기에는 내가 이해할 수 없는 의학용어가 몇가지 나열되어 있었는데 '소견'이라는 란까지 내려왔을 때 내 눈은 거기에 붙박혀 버렸습니다. 거기에는 굵은 글씨로 이렇게 쓰여 있었습니다.

『두뇌명석.』

이 네 글자를 본 순간, 끓어오르는 감사와 기쁨은 일생 잊을 수 없을 겁니다. 나는 단순한 불구자가 아니다. 우연히 신체적 장애를 입은 한 인간이다. 그렇게 생각했던 것입니다. 그 때 그 자리에서 결심했습니다. 이제부터는 밝은 방향을 보고 걷겠다, 자기 장애를 특별히 비참하게 생각하는 짓을 그만두고 어떤 상황에서도 최대한 자기를 살려 나가자고.

내가 무엇보다도 기뻤던 것은 그 의사가, 그 민감하고 배려심이 깊은 의사가 모든 준비를 해준 것이었습니다. 그 의사는 내가 카르테를 보고 싶어하는 유혹에 지리라는 것을 알고 있었고, 그래서 일부러 진찰실을 비운 것입니다. 나에게 자부심을 되찾게 해주고 싶어서 필요 이상으로 비참한 자기평가를 하는 것을 그만두라고 말하고 싶어서 그런 소견을 썼던 것입니다.

이 얼마나 깊은 배려심일까요. 나는 그 선생 덕분에 바뀔 수 있었다는 생각이 듭니다. 그 선생이 색채가 풍부한 인생을 가르쳐 준 것입니다."

이 의사의 플러스 인자처럼 한 인간을 바꿔버릴 정도의 플러스 인자도 있는 것이다. 이 얼마나 감동적인 이야기인가!

제11장 배려하는 마음

고통스런 것은 당신만이 아니다, 나약한 말을 하지 말라!

타인의 아픔을 알 수 있는 인간이 되는 것은 간단한 일이 아니다. 고뇌하고 고통받고 비로소 타인의 아픔을 알게 되는 사람도 있다. 뉴욕 시립경찰의 형사, 리차드 패스트리라의 경우가 그러했다.

패스트리라 형사에게는 하드 햇이라는 조수가 있었다. 최고의 상품 가치는 '코'. 그렇다, 하드 햇은 패스트리라 형사가 소속된 폭발물 처리반의 경찰견. 꾀많고 기민한 도이치셰파트였다. 하드 햇은 폭발물을 냄새맡으면 순회를 중지하고 그 자리에 주저앉도록 훈련받고 있었다.

1982년 그믐날 밤, 패스트리라 형사와 그 파트너 토니 센프트 형사는 긴급 호출을 받았다. "맨해튼의 다운타운에 있는 연방 빌딩 플라자에서 테러리스트이거나 혹은 정신이상자에 의해 장치된 폭발물이 폭발했다. 다행히 피해를 입은 사람은 없으나 즉시 현장으로 달려가라"는 것이었다.

이윽고 거기서 몇 블록 떨어진 경찰본부에서 또 다른 폭탄이 작렬했다고 하는 연락이 들어왔다. 중상을 입은 경찰이 거친 숨결 사이로 패스트리라 형사에게 보고했다. 폭탄은 종이상자에 들어있는 것으로 보인다고.

두 발의 폭탄이 폭발했다고 한다면 제3, 제4의 폭탄이 언제 폭발하지 않는다고 장담할 수도 없다.

패스트리라 형사와 센프트 형사는 하드 햇을 데리고 경찰본부의

제11장 배려하는 마음

1층 부분을 샅샅이 조사하기 시작했다.

갑자기 대형 경찰견 하드 햇은 가죽끈을 휙 잡아당기며 두 사람을 건물의 두 개의 기둥이 있는 곁의 어둠 속으로 이끌었다. 어둠 속에는 하나가 아니라 두 개의 종이상자가 있었다. 그것은 하나씩 기둥의 그늘에 숨기듯이 놓여있었다.

하드 햇은 그 자리에 버티고 앉았다.

패스트리라 형사는 이제 자기와 자기 파트너의 신상에 큰 위험이 닥쳐오고 있음을 알고 있었다. 호기심 많은 구경꾼이 하나 둘 모여들었다. 형사는 구경꾼과 하드 햇을 조금 떨어진 벽의 뒤로 피난시키고, 파트너를 뒤에 따르게 한 후에 조금씩 종이상자가 있는 곳으로 기어가 폭탄덮개라고 불리는 안전장치를 잡은 오른손을 조금씩 내밀었다. 그 순간 우주가 눈앞에서 작렬한 듯한 기분이 들었다.

패스트리라 형사는 다음날까지 의식불명이었다. 의식이 돌아오자 고통스러운 아픔이 기다리고 있었다. 얼굴과 오른손은 중증의 화상을 입고 오른손 손가락은 날아가 버렸다. 한쪽 눈도 없었다. 다른 한쪽의 눈은 보이지 않았다. 귀도 거의 들리지 않았다. 파트너인 토니 센프트 형사도 거의 비슷한 상태였다.

형사로서의 경력은 끝이 났다. 패스티리라는 어찌할 수 없는 절망과 싸우면서 입퇴원을 1년간 반복했다. 이제부터 어떻게 살아가야 할 것인가. 아내 메리는 어떻게 해야 하는가. 아직 10대인 아이들은 또 어떻게 할 것인가. 명확한 답은 나오지 않았다.

처음 한동안은 동료가 문병차 찾아왔다. 그렇지만 그것도 서서히 회수가 줄어들었다. 패스트리라는 그 이유를 알 수 있었다. 그들은

제11장 배려하는 마음

자기도 언제 이런 끔찍한 꼴을 당할지도 모른다는 현실을 생각하고 싶지 않았던 것이다.

플러스 인자는 다른 사람의 힘을 빌어 끌려나오는 일도 있다. 어느날 밤의 일이었다. 해소할 길이 없는 고통과 고독감에 견딜 수 없게 된 패스트리라가 더러운 욕설을 쏟아냈다.

아내 메리는 상냥하게 말했다.

"특별히 당신 한 사람만은 아니에요. 그밖에도 당신과 마찬가지로 심한 부상을 입은 사람도 있잖아요. 고통스러운 것은 당신만이 아니라구요"

이 말이 하룻밤 내내 패스트리라의 머리를 맴돌고 있었다. 다음날, 패스트리라는 경찰 본부에 편지를 쓰고, 직무중에 빈사상태의 중상을 입은 경관 리스트를 보내 달라고 요청했다. 리스트가 도착했다. 그뿐만 아니라 본부는 그러한 사람들이 한 자리에 모일 수 있는 장소까지 제공해 주었다.

이렇게 해서 부상당한 경찰과 그 가족을 원조하는 봉사 그룹 「경찰상조회」가 탄생했다. 패스트리라는 지금은, 일주일에 6, 7일, 몸이 자유롭지 못한 남편을 가진 주부들 곁을 뛰어다니며 가족간의 긴장이나 불협화음, 아이들의 불안을 조금이라도 경감하기 위해 재정적인 원조를 하거나 의학적인 문제를 함께 생각하거나 교통편을 확보해 주는 등 물심양면에서 안정된 지원활동을 하고 있다.

불굴의 사나이——패스트리라에 대해 생각하면 떠오르는 말이다. 약한 소리를 하지 말라, 지지 않겠다, 비굴해지지 않겠다, 그러한 의미이다. 패스트리라는 고통에서 빠져나와 이와 같이 남을 생각하는

제11장 배려하는 마음

 인생을 걷기 시작했던 것이다. 플러스 인자에 빛을 비춘 훌륭한 인생이 아닌가.

 배려심――상대방의 입장이 되어 일을 생각할 수 있는 배려심을 몸에 익히자. 그렇게 하면 타인을 행복하게 할 뿐만 아니라 자기에게도 행복이 돌아올 것이다.

제12장
도전을 계속하라

> '인생의 거친 파도'는
> 당신을 크게 성장시키는 장애물이다

장애물을 넘을 때마다 다음 장애물은 낮게 보인다

 인생에서 가장 소중한 것은 무엇일까? '어떻게 살 것인가' 하는 것이 아닐까? 인생은 두번 다시 없는 귀중한 보물이다. 그렇지만 언제까지나 계속되지는 않는다. 우리가 적어도 이 세상에 있는 한, 행복은 다음 한가지에 달려 있다고 말해도 좋다. 그것은 '인생의 거친 파도를 어떻게 극복하느냐'이다.
 인생에 폭풍이 휘몰아칠 때, 세상에 나올 때부터 새겨져 있는 플러스 인자가 힘을 발휘한다.
 당신은 아놀드 토인비의 「도전과 응답의 상호작용」이라는 것을 알고 있는가. 이 훌륭한 역사가는 역사를 해명하는 열쇠, 문명의 부

제12장 도전을 계속하라

침을 해명하는 열쇠는, 이 보이지 않는 원리에 있다고 설명했다. 그 원리란, 어떤 문명이 생존의 위기를 만나고, 그것과 정면으로 대결하여 살아남은 경우, 그 위기를 극복한 인민의 에너지가 미술, 문학, 기타 문화를 그때까지보다 몇 단계 높은 곳까지 밀어올린다는 것이다.

그 옛날, 그리스는 절대적인 힘을 가진 페르시아 제국에게 침공당하고 과감하게 싸워 자국을 지켜냈다. 미술, 건축, 철학, 연극 등에 눈부신 발전이 보여진 것은 그 다음이었다.

그로부터 2천년 후, 영국에서도 비슷한 일이 일어나고 있다. 스페인의 무적함대를 물리친 영국은 국가의 위신을 크게 높이고 인민의 사기를 올렸다. 그것이 원동력이 되어 셰익스피어와 같은 위대한 극작가를 낳고, 미 대륙에 식민지를 만들고 '태양이 지지 않는 나라'로까지 일컬어지는 대영제국을 구축한 것이다.

그것과 내가 어떻게 관계가 있는가, 하고 말하는 사람도 있을 것이다. 관계는 크게 있다. 옛날 그리스인이나 영국인의 힘을 끌어낸 토인비의 「도전과 응답의 상호작용」은 우리들 한사람 한사람에게도 적용된다. 우리들도 곤란에 짓눌릴 듯싶으면 그것에 대항하는 놀라운 에너지를 발산하는 일이 있는 것이다.

토인비의 원리를 평이하게 말하면, 인생의 거친 파도는 플러스가 될 수 있다는 말이다. 문제가 발생했을 때 고민이나 걱정이 생겼을 때 절대로 지지 않겠다는 의지를 가지고 정면으로 맞서 대결한다면 그때까지 미처 알지 못했던 힘, 정신력, 체력이 넘쳐나와 자신도 놀라게 될 것이다.

제12장 도전을 계속하라

　오해하지 말기 바라는데, 나는 어떤 간난신고(艱難辛苦)도 환영한다거나, 어떤 곤란도 도움이 된다고 말할 생각은 없다. 다시는 재기할 수 없을 만큼의 고통스런 일이라는 것도 있을 것이고, 견딜 수 없는 고통을 수반하는 일이라는 것도 있을 것이다.
　그렇지만 인생에 간난신고가 있는 한, 어떤 종류의 쓰라린 체험은 인격형성이나 정신의 발전에 필요하다고 생각하는 한, 해보아야 하지 않겠는가. 지금 말한 것은 꼭 호기만으로 말하고 있는 것은 아니다. 진짜 이야기이다.

역경을 거름으로 삼는 사람, 짓눌리는 사람

　역경은 인간을 크게 하거나 반대로 작게 만든다. 나는 그것을 오랫동안 이 눈으로 직접 보아왔다. 쓰라린 체험을 하기 전과 한 후에 전혀 변하지 않는 사람은 없다. 어떤 사람은 그것을 극복하여 일어서고 어떤 사람은 그것에 짓눌려서 숨이 끊어진다.
　역경은 바람직하지 않은 성질이나 성격을 바꿔주는 일도 있다. 예를 들면 프라이드나 오만, 이기심 등은 타인으로부터 기피될 뿐만 아니라 무엇인가를 성취하려고 할 때의 방해가 되기도 한다. 그러한 것은 없는 것이 차라리 낫다. 그렇지 않으면 사랑받는 일도 사랑할 수도 없게 되어 인간다운 생활로부터 멀어져버리기 때문이다. 역경은 그런 마이너스 인자를 제거하는 계기가 되어준다.
　인간은 오랫동안 고통스런 경험을 하지 않으면 자신이 지나쳐 배려심이 없어지고 독선에 빠지기 쉽다. 나는 자신의 경험에서 그렇게

제12장 도전을 계속하라

생각하고 있다.

내 인생은 오랫동안 지나치게 순조롭다고 생각할 만큼 순조로왔다. 많은 사람이 나에게 고민거리를 가지고 찾아왔으나 나 자신은 거의 고민이 없었다.

그런데 어느날 문득 깨닫고 보니, 내 주위는 온통 비난의 소용돌이로 에워싸여 있었다. 나는 동요하고 낙담하여 정말로 슬펐다. 하지만 어떻게든 분발했다. 그리고 폭풍은 스쳐갔다.

그 덕분에 지금은 사람들이 구원을 찾아 나에게로 오더라도 전보다는 도움이 될 수 있는 자신이 생겼다. 침체에 빠져있을 때에는 어떠한 기분이 드는가, 인간이 얼마나 상처입기 쉽고 약한 존재인가, 그러한 것을 알게 되었던 것이다. 그러므로 체험이 인간을 둥글게 하는 일도 있다고 진지하게 생각한다.

'좋다, 왔구나'하고 기꺼이 역경과 맞서서 싸우라

인생에는 역경도 필요하다는 이야기를 하면, 역경일 때에는 어떻게 하면 좋으냐고 묻는 사람이 있는데 나는 언제나 이렇게 대답하고 있다.

한마디로 역경이라 하더라도 각자가 안고 있는 문제가 다르다. 그러므로 모든 것에 통용하는 처방전 같은 것은 없다. 그렇지만 일반적인 마음가짐이라면 다소는 도움이 될지 모르는 것이 다섯 가지 있다. 「도전과 응답의 상호작용」을 유효하게 사용하여 적절히 플러스 인자를 끌어내는데 좋다고 생각되는 것이다.

제12장 도전을 계속하라

그것은 다음 다섯가지이다.

1. 과감하게 대처하는 것

눈앞의 문제로부터 도피하거나 이불을 뒤집어쓰고 그것이 지나가기를 기다리고 싶은 심정은 모르는 바가 아니다. 그렇지만 그런 행위를 해봐야 문제는 해결될 리가 없다. 뿐만 아니라 도망치면 칠수록 문제는 더 커지는 것이다.

그러므로 감연히 대처해야 할 것이다. 정면에서 문제를 응시하고 검토하고 분석해야 한다. 아마도 보기만큼 힘에 벅차지는 않을 것이다. 설령 힘에 벅차다 하더라도 이렇게 생각하면 된다.

"좋다, 드디어 닥쳤구나. 맞서서 싸워주지. 부딪쳐 보면 안될 것도 없는 거야."

2. 자기에게 눈을 돌릴 것

문제의 원인은 자기에게 있는 것도 많다. 나에게도 일이나 재정문제에서 정체상태에 빠졌다고 상담하러 오는 사람이 있는데, 이야기를 잘 들어보면 문제는 그 사람의 마음 쪽이고, 그 때문에 사고가 둔해지거나 활력이 나오지 못하거나 일이 잘 되지 않거나 하는 예는 흔히 있다. 일이 잘 되지 않는 것은 유감이지만, 우선 자기 마음속을 정리하고, 플러스 인자를 방해하고 있는 것을 제거하지 않는 한 일 문제는 해결되지 않는다.

제12장 도전을 계속하라

3. 어떤 행동을 취할 것

그리스도가 사람들의 병을 고친 뒤에 행동을 나타내는 동사를 얼마나 빈번하게 사용하여 말하고 있는가를 알고 있는가. 몇가지 예를 들기만 해도, "가서 손을 닦고……" "손을 펼치고……" "바닥을 들고……" 등이 있는데 이것은 결코 우연이 아니다.

행동하면 자신을 회복할 수도 있고 새롭게 자신을 살릴 수도 있다. 두렵다고 아무 것도 하지 않으면 자신은커녕 불안은 더욱 커질 뿐이다.

물론 행동했다고 해서 반드시 성공하는 것은 아니고, 후원이 필요한 경우도 있을 것이다. 그렇지만 아무 것도 하지 않는 것보다는 낫다. 그러므로 문제가 커져서 꼼짝 못하게 되기 전에 행동을 취할 것을 권한다. 성서에 나오는 방탕한 자식도 언제까지나 타락에 빠지지는 않았다. 그는 재기하여 아버지 곁으로 돌아온 것이다.

4. 망설이지 말고 사람에게 도움을 청할 것

고민이 있는 것은 부끄러운 일이다, 어떻게든 남들에게 알리고 싶지 않다고 생각하는 사람이 있다. 혹은 "이것은 내 문제이므로 스스로 해결하겠다"고 심각한 얼굴로 말하는 사람도 있다. 그러한 생각은 잘못된 것이다. 인간은 혼자서 모든 것을 할 수 있는 것이 아니다. 타인의 도움을 필요로 하는 일도 있다.

어떤 고민이든 상담에 응해주도록 전문적으로 교육받은 사람은 반드시 있다. 의사도 변호사도 목사도 그러하다. 당신의 고민이 일반적인 것이라면 비슷한 고민을 안은 사람들의 모임이 기꺼이 당신

제12장 도전을 계속하라

을 도와줄 것이다. 알코올 중독에 걸린 사람들의 모임, 도박의 유혹에 이기지 못하는 사람들의 모임, 장애아를 가진 사람들의 모임, 귀나 눈에 장애를 가진 사람들의 모임, 그와 같은 고민의 선배들이 당신의 힘이 되어줄 것이다.

어쩌면 친구들 중에서 잠자코 고민을 들어주거나 용기를 주는 사람이 있을 것이다. 잠자코 고민을 들어주기만 해도 긴장이 풀리고 생각하는 방식이 바뀌는 일도 있다.

내가 아는 화가가 정체상태에 빠졌을 때의 일이다. 자기를 한심하게 생각하면서 어떤 친구에게 결단코 붓은 들지 않겠다고 단언하고, 그 뒤에 이렇게 덧붙였다고 한다.

"조언 따위 하더라도 소용이 없어. 더 이상 그림은 그리지 않겠다. 이젠 틀렸다. 앞이 보이지 않는다."

친구는 말했다.

"그런가. 그렇다면 조언은 하지 않겠다. 그 대신, 내가 옛날 읽은 일이 있는 시의 정의를 들어주기 바라네. '시란 눈이 보이지 않게 된 밀튼이 마음의 눈으로 본 것이다'."

그 친구가 말한 것은 그것뿐이었다. 화가는 다시 붓을 잡았다. 지금은 유명한 수채화가로 활약하고 있다.

5. 자기 고뇌를 즐기지 말 것

이것을 읽고 놀라는 사람이 있다. 그러한 사람에 한하여 이 조언이 필요한 일이 많다. 고민을 안고 있는 것은 고통스러운 것이다. 그렇지만 그야말로 고통스런 풍정을 가장하여 마음이 불안정한 자

제12장 도전을 계속하라

기의 위안으로 삼고 있는 사람이 있다. 그리고 그것을 실패나 아무 것도 하지 않는 것에의 절호의 변명으로 삼는 것이다.

예를 들면 병으로 고생하면서도 그것을 '즐기고 있는'듯이 보이는 사람은 없는가. 질병 이야기밖에 하지 않고 병 중심의 불건강한 생활에 안주하고 있는 사람은 없는가. 혹은 한 번의 실패로 언제까지고 끙끙 앓고 있는 사람은 없는가.

이것만은 틀림이 없다. 역경은 반드시 다가온다. 그리고 반드시 지나간다. 그렇지만 지나가게 하는 것은 바로 당신인 것이다.

저 유명한 심리학자 윌리엄 제임스는 말했다. "천재인가 그렇지 않은가는 무엇을 잘라내야 하는가를 알고 있느냐 그렇지 못하느냐로 결정된다"고. 고민도 마찬가지이다. 작은 고민 따위는 계속 잘라내고 큰 고민이 찾아온다면 마음의 문을 활짝 열고 밖으로 내보내는게 상책이다.

아픈 경험을 하는 것은 싫은 일이고, 괴롭고, 견딜 수 없는 일도 있는 것은 사실이다. 그렇지만 그 체험이 부싯돌의 역할을 수행하고 우리들의 에너지에 불을 붙이는 일도 있는 것이다.

유명한 배우 월터 함프덴은 언젠가 가장 좋아하는 말은 무엇이냐는 질문을 받고 잠시 생각하다가 이렇게 대답했다고 한다.

"옛 흑인영가의 가사에 '아무도 모르는 나의 괴로웠던 나날. 글로리, 할렐루야!(신을 칭송하라)'라는 것이 있다. 바로 그것이다."

나는 함프덴의 기분을 이해할 수 있다. 이 가사에는 인간의 지혜와 번쩍임이 느껴진다.

제12장 도전을 계속하라

인생에는 여러 가지 뼈아픈 일이 있다, 그렇지만 그것만으로 끝나는 것이 아니다, 그러한 인식이 있다. 그러므로 드높이 인생을 찬미한다. 최후의 두 마디 말은 우리들의 가슴에 온화하게 울려 퍼진다. 인간의 혼에는 어떠한 고통도 슬픔도 극복할 수 있는 힘이 잠재되어 있다. 짓눌러도 짓눌러도 뻗어나가려고 하는 힘이 숨어있다. 그렇게 말하고 있는 것 같다.

그 힘이야말로 신이 우리에게 부여한 또 하나의 천분, 내가 플러스 인자라고 부르는 것이다.

제13장
강한 신념을 가지라

자기실현에의 '최단거리'를
발견해내는 법

'루르드의 물의 기적'의 비밀

　이 우주에서 가장 큰 힘이란 무엇일까. 허리케인이나 맹렬한 회오리의 에너지인가. 조수간만인가. 화산의 폭발력인가. 그것들도 자연의 거대한 영위의 표현이라는 것임에는 틀림이 없다. 그렇지만 가장 큰 힘을 가진 것이 있다.
　거대한 원자력을 발견한 인간의 능력인가. 그것도 훌륭한 힘임에는 틀림이 없다. 그렇지만 우리들이 사는 이 지구가 우주로부터 보면 사소한 하나의 점에 불과한 것을 생각하면 원자의 폭발력 따위는 우주의 자그마한 먼지에 불과할 뿐이다.
　그렇다면 이 우주에서 가장 큰 힘이란 대체 무엇인가.

제13장 강한 신념을 가지라

그것은 인간이, 밤하늘에 무수한 별을 박아넣은 천지창조의 주인과의 사이에 만든 터널을 흐르는 에너지라고 나는 생각하고 있다. 이 에너지는 인간의 플러스 인자 속에 담겨있다. 그리고 그것을 해방하는 것이 이른바 '기도'라고 생각하는 것이다.

실망하시는 분은 잠시 기다리기 바란다. 기도라 해도 당신이 상상하는 바와 같은 것이 아니다. 당신이 상상한 것은 종교와 밀접하게 결부되어 있는 기도가 아닌가. 그렇지 않으면 책에 나오는 온화한 문장, 목사의 입에서 나오는 공허한 말, 다급할 때에 입밖으로 튀어나오는 탄원——그런 것들은 기도의 표면적인 부분을 파악한 것에 불과하다.

기도에서 무엇이 소중한가 하면 그것은 우선 '믿는 것'이다. 믿는 것은 어렵다. 의심하는 것은 간단하다. 누구나 할 수 있다. 머리를 쓸 필요도 없고 연습이 필요한 것도 아니다. 그렇지만 의심을 버리고 믿으려면 강한 의지와 기력이 필요하다. 그것을 할 수 있을 때 기도는 통한다.

언제였던가, 동료이며 친구인 정신과의사 스마일리 브랜튼 박사와 남프랑스의 루르드의 마리아 성당에서 일어나고 있는 기적에 대하여 이야기를 한 일이 있었다.

박사는 내가 만난 연구자 중에서 특히 실행적인, 머리가 탁 트인 인물이었는데, 그와 동시에 신앙도 두터웠다. 박사는 테네시의 신앙이 두터운 집에서 태어나 자란 탓일까, 사물을 정신면에서 파악하는 데 흥미를 가지고 있었다.

루르드라는 작은 마을에서 기적적으로 병이 나은 사람이 있다고

제13장 강한 신념을 가지라

하는 이야기를 전해들은 브란튼 박사는 객관적, 과학적, 의학적 견지에서 엄밀한 조사를 해보고 싶다고 생각했다. 그래서 루르드를 찾아가 거기에 몇주일간 체재하며 지역의 의사와 병을 치료하러 온 사람들의 이야기──실제로 나은 사람도 낫지 않은 사람도 포함하여──를 들었다.

제일 먼저 알게 된 것은 인정받은 치료 사례──의학 전문가나 가톨릭교회에서 치유되었다고 인정받은 증례는 헤아릴 정도의 숫자밖에 안되었다. 그렇지만 그러한 예에서는 확실히 치유되었음을 알게 되었다.

예를 들면 진행되던 폐결핵이나 다른 기능적 질환 등, 극히 한정된 환자의 뢴트겐 사진이나 진단서에는 루르드를 찾아오기 전과 후에는 큰 차이가 보여지고, 순간적으로 치유되었음을 시사하고 있었다고 한다. 루르드의 물을 마시거나 물에 담근 순간 치료되었다는 사람도 있었고, 자기나 다른 사람이 계속 기도한 것 이외에는 아무 것도 하지 않았다는 사람도 있었다.

브란튼 박사는 말했다.

"마치 병이 치유되어가는 시간이 극도로 가속된 듯한 느낌이다. 정상이라면 몇 개월, 혹은 몇 년이나 걸리는 의학적 치유 프로세스가 일거에 1초나 그 이하로 단축되고 있다. 금방이라도 숨이 넘어갈 듯한 사람이나 병에 걸려있는 사람의 안쪽에서 엄청난 에너지가 발산되었다고 할까, 응축되었다고 할까……"

브란튼 박사가 알고 싶었던 것은 기적의 치유 사례에 공통되는 것은 무엇인가 하는 점이었다. 가령 공통된 어떤 것이 있다면 그것

제13장 강한 신념을 가지라

은 대체 무엇인가. 그것이 박사가 추구하고 있던 것이었다.

"그래서 답은 나왔나요?"

나는 물었다. 박사는 조금 생각하고나서 이야기를 시작했다.

"만일 그러한 것이 있다면, 그것은 이러한 것이 아닐까 생각합니다. 병이 나은 사람에게 공통되어 있는 것은 모두 정신적으로도 의학적으로도 할 수 있는 데까지 다 해본 사람들이었다는 점입니다. 온갖 의학적인 시도를 경험하고 정신적인 구원을 찾아헤맸으나 어느것도 소용없었다, 그러한 사람들입니다.

그들은 '이제 충분합니다. 단념했습니다. 이제 아무 것도 바라지 않습니다.'라는 한계까지 달해 있어요. 병이 나을 준비가 된 듯이 보이는 것은 이, 자기를 비운 상태라고나 할까요. 마치 그때까지의 노력이나 고통이 치유력을 방해하고 있었던 것같은 느낌입니다."

원시림의 초자연적인 힘 속에서 자란 링컨의 '흡인력'

성서에는 '기도할 때에 믿고 원하는 것은 모두 줄 것이다.'(마태복음 제21장 22절)라고 쓰여있다.

기도가 받아들여지려면 어떠한 조건이 필요한 것일까?

우선 겸허한 마음이 되어 모든 것을 신의 손에 맡기는 것이다. 이것을 '무에서의 기도'라고 부르는 사람이 있는데, 자기를 비움으로써 큰 힘이 기도하는 본인에게 도달하는 것을 방해하는 인자를 제거하는 것이다. 자기를 겸허하게 하고, 모든 것을 초자연의 힘에 맡기지 않는 한, 구하는 것이 주어지는 일은 없다. 마음을 비웠을 때, 비로

제13장 강한 신념을 가지라

소 소원은 들릴 수 있는 것이다.

　다음으로 중요한 것은, 기도는 단순히 입술로 말하는 것이 아님을 아는 것이다. 기도는 마음 속에서 나온 순수한 것이어야 한다. 소원이 신에게 닿지 않는 것 중에는 입만으로 기도하고 있는 일이 많다.

　언젠가 열성적인 기독교 신자인 테너 가수, 로란드 헤이즈와 기차에 함께 탔던 일이 있다. 헤이즈는 "기도로 여기까지의 인생을 구축해 왔다. 이 길로 들어선 것도 자기와 마찬가지로 교육은 받지 못했으나 신앙이 두터운 할아버지의 인도가 있었기 때문이다."라고 말해 주었다.

　그 할아버지가 언젠가 이렇게 말했다고 한다.

　"기도가 들리지 않는 것은 그 사람의 기도에 흡인력이 없기 때문이다."

　흡인력——이 얼마나 멋진 표현인가. 헤이즈의 조부는 통하지 않는 기도는, 그 기도가 신의 곁에 도달할 수 있는 흡인력을 가진 깊이에까지 달하지 않았다고 말하고 싶었을 것이다.

　기도를 바치는데 몸이 휘청거릴 정도까지 기다릴 필요는 없다. 힘에 벅찬 문제가 닥칠 때까지 기다릴 필요도 없다. 플러스 인자가 넘치고 있고 모든 것이 잘되어가는 행복할 때도 겸허하게 감사의 기도를 올리면 된다.

　"행복에 감사합니다. 모쪼록 언제까지고 지켜 주십시오"라고.

　미국이 낳은 영웅들도 자기의 무력을 인정하고 신에게 도움을 청하는데 적극적이었다.

　특히 그러했던 것이 아브라함 링컨이라고 생각된다. 이 사람은 플

제13장 강한 신념을 가지라

러스 인자의 빛으로 시종 반짝이고 있던 사람이다.

국가의 분열 위기를 구하고 영광스러운 인종에게 자유를 준다는 것을 실현했다. 키가 크고 소박하고 꾸밈이 없는 이 변호사는 그 탁월한 도덕관과 에너지를 대체 어디서 손에 넣은 것일까.

나의 친구, 인디애나 주 출신의 페틴길 하원의원은 언젠가 링컨의 고향을 방문하고, 링컨이 소년시절 놀았다고 하는 원시림의 나무 높이를 보고 온 일이 있다. 어느 나무나 하늘을 찌를 정도로 높고 거대하고 주위를 깊은 정적으로 감싸고 있었다고 한다.

링컨은 그 정적 속을 걸어서 학교까지 다녔던 것이다. 자기 힘으로는 어찌할 수 없는 초자연적인 힘을 피부로 느끼고 그것을 향해 기도하는 것을 익혔다고 해도 이상할 것은 없다. 링컨의 기도는 깊고 마음 속에서 나온 흡인력을 가진 기도였다.

머독이라는 유명한 배우가 남북전쟁이 한창 치열했을 때 하룻밤 백악관에서 머물렀을 때이다. 밤도 깊어졌을 무렵, 어딘가에서 신음하는 듯한 낮은 목소리가 들려왔다. 눈을 뜬 머독은 복도로 나가 목소리가 나는 쪽으로 다가갔다. 그 목소리는 반쯤 열린 문 반대쪽에서 들려오고 있었다.

거기서 머독이 본 것은 비쩍 마른 껑다리 링컨이 바닥에 엎드려 카펫에 손가락을 파묻듯이 누르고 자신의 무력을 탄식하고, 신에게 국가를 구원해 달라고 기도하는 모습이었다. 그것을 본 순간 그때까지 머독의 마음에 달라붙어 있던 전쟁이나 국가의 장래에 대한 불안은 완전히 사라졌다고 한다.

기도가 여기까지 깊고 섞임이 없는 것이라면 자연의 물리적 힘조

제13장 강한 신념을 가지라

차 응답해주는 것이 아닐까 생각된다.

'자기실현'을 가장 심하게 방해하는 것

우리들은 누구나 기도에 의해 플러스 인자를 활성화하고, 큰 힘을 얻을 수 있다. 그것이 잘되지 않는 것은 무엇인가가 방해하고 있기 때문이다. 프라이드나 긴장감, 불안, 죄의식, 부정적인 견해, 그와 같은 것도 방해를 하는 것의 일부이다.

언젠가 텍사스의 어느 마을에서 강연을 한 뒤에 한 남자가 나에게 말을 걸었다.

"기도가 현실의 장사에 효과가 있다고 생각하십니까?"

나는 있다고 생각한다, 고 대답했다.

"실은 최근에 다른 주에서 이곳으로 이사를 왔습니다만 이전 집을 팔고 여기에 집을 사고 싶다고 생각하고 있습니다. 그런데 전에 살던 집이 좀체로 팔리지가 않아요. 기도도 해보았고, 생각이 닿는 것은 무엇이든 해보았지만 전혀 팔릴 기미가 없습니다."

나는 그 사람에게 얼마에 팔고 싶은지를 물어보았다. 그리고나서 일반적으로 집을 파는 경우의 표준 이익은 대체로 얼마인가도 물어보았다. 그 사람의 희망가격은 일반적인 이익폭을 훨씬 넘어서고 있었다.

"집이 좀체로 팔리지 않는 것은 자기 이익만 생각하고 있기 때문이라고 생각합니다. 넓이는 어느 정도입니까?"

"충분한 넓이입니다. 아이들이 있는 가족에게는 딱 어울릴 정도입

제13장 강한 신념을 가지라

니다."

나는 말했다.

"그렇습니까? 그렇다면 이렇게 기도해 보십시오, 어딘가에 자기집을 필요로 하고 있는 가족이 있을 것이다, 그 가족이 자기 집을 발견할 수 있게 해달라고. 그리고 그 가족이 당신의 집에서 즐겁게 생활하고 있는 면을 상상하는 것입니다. 당신은 지금까지 자신만을 너무 생각했습니다."

그 사람은 나를 뚫어질 정도로 응시하고 있었다. 내 말에 허를 찔린 것 같았다. 나는 거듭해서 말했다.

"그 사람들이 당신의 집을 발견해 주도록 기도하는 것입니다. 그리고 그러한 사람이 나타난다면 함께 자금 문제 등을 생각하고, 어떻게든 그 사람들이 당신의 집을 살 수 있도록 노력하면 좋을 것입니다. 그런 식으로 하면 지금까지 기도의 힘을 해치고 있던 당신의 자기중심적 생각이 사라지고 잘되어 가리라고 생각합니다."

그 사람은 잠자코 끄덕였다. 그리고나서 2주일 정도 지나서 그 사람으로부터 편지가 도착했다. 거기에는 이렇게 쓰여 있었다.

"놀라지 마십시오. 선생께서 말씀하신 대로 했더니, 아이가 세 명 있는 젊고 훌륭한 가족이 나의 집을 마음에 들어했습니다. 그 사람들이 말하기를, 이러한 집이 필요하다고 쭉 기도하고 있었다고 합니다. 그런데 갑자기 이 집이 발견되었고, 본 순간 마음에 들었다고 합니다. 쭉 마음에 그리고 있었던 것과 똑같다고 말해 주었습니다.

자금면에서는 충분하다고는 할 수 없었으나 그럭저럭 계약금은 맞출 수 있었고, 지불능력도 충분해 보였습니다. 무엇보다도 다행스

제13장 강한 신념을 가지라

런 것은 그 가족이 매우 기뻐해 주었던 것으로, 나도 행복한 기분입니다. 이익은 별로 오르지 않았지만 더욱 소중한 것을 얻었다는 기분이 듭니다. 마음을 비우고 겸허해지면 기도는 통하는 것이더군요. 나는 앞으로도 겸허하게 기도하면서 살아가겠다고 생각하고 있습니다. 선생께 깊이 감사드립니다."

충실한 인생을 보내는 비결, 행복을 잡는 비결은 마음을 비우고 기도하는 것이다.

당신도 기도로 플러스 인자를 끌어내고 싶다면 신이 있는 곳까지 도달할 수 있는 흡인력을 가지고 실현을 믿고 마음 깊은 곳에서 기도하라. 그 다음에는 준비를 하고 기다리고 있으면 된다. 기적은 반드시 일어나는 것이므로.

제 14장

열의를 삭이지 말라

열성적인 사람이 아니면
기회는 찾아오지 않는다

적극적인 인간 시능을 내면 뒤를 돌아볼 틈이 없다

　무엇인가에 열중한다는 것은 좋은 인생을 보내는데 있어서 빼놓을 수 없는 중요한 요소이다. 열중하여 생기가 돌고 있는 사람은 미래를 믿고 적극적인 자세로 있는 한 인생의 상승계단을 올라갈 수 있다.
　열의는 플러스 인자를 활성화하고 육성하기도 한다. 열성적으로 되었다 해서 그때 바로 효과가 나타나는 것은 아니지만 언젠가는 반드시 플러스 인자가 작용을 시작하여 힘을 발휘한다. 뒤집어 말하면 가지고 있는 힘을 내는 하나의 방법이 '열중하는' 것이다.
　"그런 말을 하더라도 열중할 것이 없다면 어떻게 해야 좋은가?

제14장 열의를 삭이지 말라

열중할 수 있는 것이 없으면 열중하려고 해도 할 수가 없지 않은가. 정제나 물약처럼 약국에서 쉽게 입수할 수 있는 것이라면 좋겠지만 손에 들어오지 않으면 어쩔 수가 없지 않은가?"

그렇게 말하는 사람도 있을 것이다.

그러한 우울한 사람의 불만과 회피에는 이렇게 말해주고 싶다.

"그런 일은 없습니다. 누구나 열중할 수 있게 됩니다."

그러기 위해서는 '마치 ~처럼' 이론을 실천하는 것이다. 이것은 실은 자주 쓰는 방법이다. 진정으로 무엇인가를 하고 싶은 사람에게는 꼭 권하고 싶다.

'마치 ~처럼' 이론이란 어떠한 것인가?

그것은 미국 심리학의 원조라고도 일컬어지는 윌리엄 제임스 교수에 의해 처음으로 소개된 것으로 기억하고 있다. 간단하게 말하면 어떤 성격을 가지고 싶다면, 그러한 성격인 듯이 행동하면 된다, 그렇게 하면 그렇게 될 수 있다는 것이다. 예를 들면 무서움을 잘타는 사람이 용감해지고 싶다면 용감한 시늉을 하면 된다. 그렇게 하면 그렇게 계속 가장하고 있는 동안에 언젠가 반드시 용감해질 수 있다는 것이다.

'그런 엉터리가 어디 있는가' 라고 무시하지 말라. 미국의 역사에 이름을 남긴 제1급의 학자가 생각해낸 것이라는 점을 잊어서는 안 된다. 그리고 그 방법이 잘 듣는다는 것은 많은 사람들이 증명하고 있다.

그 한 사람이 이 책을 쓰고 있는 필자이다. 나는 여러 번 이 '마치 ~처럼' 이론을 사적생활에서 실천해 왔다. 그러므로 그 효과는

제14장 열의를 삭이지 말라

잘 알고 있다.

내가 젊었을 때 열등감으로 똘똘 뭉친 인간이었다는 것은 전에도 쓴 바가 있다. 그러한 사람에게는 흔히 있는 것인데, 나는 '마치 ~처럼' 이론을 반대의 의미로 실천하고 있었다. 자기가 '아무런 능력도 없고 보잘것 없는 인간인 듯이' 행동하고 있었던 것이다.

그러므로 당연한 결과로서 나는 비참한 패자가 되었다. 스스로 시늉을 하고 있던 대로의 인간이 되어버렸던 것이다. 그렇지만 다행히 기회를 붙잡아 적극적인 인간 시늉을 하게 되었다. '마치 ~처럼' 이론의 성실한 실천자가 되었던 셈이다.

시작하기 전부터 '어리석다' '부끄럽다'는 금물

인간이 열성을 보이게 되면 여러 가지로 멋진 일이 일어난다. 성격이 바뀌는 것은 흔히 있는 일이다. 게다가 눈에 확 뜨일 정도로 바뀐다.

적극성과 강함이 부족하고 무기력했던 사람일수록 무엇인가에 열중하게 되었을 때의 변화는 현저하다. 지금까지는 살아있는 것인지 죽은 것인지도 알 수 없었는데, 갑자기 생기를 띠고 되살아나 이전에는 본인도 주위 사람들도 상상조차 할 수 없었던 출세를 하거나 성공하는 일도 있다.

무엇인가에 열중하게 되는 것이 그 사람을 더욱 활성화시키는 것임은 틀림이 없다.

미국이라는 나라는 세계에서도 달리 유례를 찾아볼 수 없을만큼

제14장 열의를 식이지 말라

열렬한 생각을 가슴에 품은 사람들에 의해 만들어졌다고 해도 좋다.

지평선 저쪽에 신천지를 찾아 서쪽으로 서쪽으로 이동해간 사람들은 가슴이 뜨겁게 달아오르는 사람들이었을 것이다. 아무리 꿈을 추구하고 있었다고는 하나 그런 위험하고도 가혹한 환경에 제몸을 던져야만 했던 이유는 달리 생각할 수 없다.

미국에도 여러 가지 문제는 있다. 그렇지만 지구상의 어느 나라를 살펴보더라도 미국만큼 기회가 풍부한 나라는 없다고 말해도 좋다.

이것은 과장이 아니다. 나는 남미로부터 오스트레일리아에 이르기까지, 싱가포르에서 토쿄에 이르기까지 수많은 강연 여행을 다녔으나 내가 본 범위에서는 미국이 가장 기회가 풍부한 나라라고 생각했다.

그러고보면 어릴 때부터 내 주위에 있었던 것은 모두가 목적의식을 가진, 의지가 강하고 열성적인 사람들이었다. 그러한 자기를 어리석게 생각한 일은 한 번도 없는 사람들이었다. 그리고 무엇인가에 열중하는 것이 부끄럽다고 가르치는 사람은 없었다.

그런데 작금 열중하는 것이 부끄럽다고 하는 풍조가 있다.

'어리석다' '부끄럽다'는 것이 그릇되게 사용되고 있다고 생각한다. 해도 소용없는 행동을 했을 때에 비로소 '어리석은' 것이고, 해서는 안되는 것을 했을 때에 비로소 '부끄러운' 것이다. 열중하는 것은 쓸데없는 일도 안되는 일도 아니다. 그리고 열중하는 것을 피하고 일부러 기회가 멀리 사라지도록 생각하고 행동하는 것은 득책이 아니라고 생각한다.

오늘날에도 훌륭한 업적을 올리고 있는 사람은 대개 머리를 잘

제14장 열의를 삭이지 말라

굴리고 열중하고 열성적인 사람들이다. 그리고 현재야말로 가능성을 믿고 열성적으로 되는 것이 필요하지 않을까 하고 나는 생각한다.

나는 몇몇 도시에서 기회를 포착하고 위로 올라가려고 노력하고 일을 성취하려고 애쓰는 사람들의 모습을 보았다.

꿈을 쫓고 머리를 쓰고, 착착 실행해가는 사람들. 미래를 믿고 그리고 자기를 믿고 있는 사람들. 그들은 일에 열중하는 것이 나아가서는 자기의 행복과 이어진다는 것을 잘 알고 있다.

아무리 고통스러워도 '그만둔다, 포기한다'는 말이 머리에 떠오르지 않는 이유

목표를 향해 계속 달리기 위해서도 열중하는 것은 필요하다. 열중하면 '바위에 매달리더라도' 라는 태도도 생기고, 쉽게 단념하는 일도 없어진다. 열중하고 있는 동안은 내가 플러스 인자로 부르고 있는 어떤 것이 몸속에서 용솟음쳐 그야말로 될 것같지도 않은 일이 성취되기도 하는 것이다.

도버해협을 영국에서 프랑스로 헤엄쳐 건넌 프로렌스 차도윅의 기록을 체크한 하비 J. 바만은 다음과 같이 쓰고 있다.

그녀는 도버 해협을 건너간 지금까지의 인간 중에서 가장 가혹한 도전을 했다고 말할 수 있다. 그녀는 여러 번 죽음의 고비에 직면했다. 처음에는 다리에 경련이 일고, 다음에는 위에 경련이 일었다. 밤의 어둠속에서 방향을 잃었던 일도 있었다. 그렇지만 그녀는 포기하

제14장 열의를 삭이지 말라

지 않았다.
"그저 헤엄칠 수밖에 없었다. 그래서 헤엄쳤을 뿐이다."
그녀는 그렇게 말했다.
영국에서 해협으로 들어가 16시간 후, 프로렌스는 비틀거리면서 프랑스 해변으로 올라갔다.
'이 시대 최고의 여성 수영 스타'──사람들은 그녀에 대해 그렇게 불렀다.
사람들은 이런 말을 하기도 했다. 일종의 신의 조화를 그녀에게 성취시킨 것은 무엇이었을까?
프로렌스의 말을 빌리면, "그것은 신이 지켜 주셨기 때문"이다. 그뿐만이 아니다. 그녀에게는 신념이 있었다.
"승자는 단념하지 않는다. 단념한 사람은 승자가 될 수 없다."
그녀는 그렇게 말했던 것이다.

프로렌스 차도윅에게 비범한 면이 있었던 것은 확실하지만 이 도전이 성공한 이면에는 플러스 인자의 작용이 있었던 것도 사실일 것이다.
어떻게 해서든 도버 해협을 헤엄쳐 건너야 하겠다는 열의가 플러스 인자에 불을 지피고, 그 불이 헤엄치고 있는 동안에 계속 타고 있었던 것은 아닌가, 그렇기 때문에 포기하지 않고 버틸 수 있었다, 그래서 결국 승자에의 길로 이어지는 프랑스 해변에 도달했다, 그렇게 생각되는 것이다.
우리들 역시 할 수 없는 것은 없다. 포기하지 말고 분발해야 한

제14장 열의를 삭이지 말라

다. 결승점을 넘어설 때까지 계속 분투해야 한다. 열의가 에너지가 되어 최후까지 헤엄치고, 달리고, 싸우는 힘을 부여할 것이다. 열의를 지속시킬 수만 있다면 '그만둔다, 포기한다'는 말은 뇌리에 떠오르지 않는다.

무엇인가에 열중하면 '목표·인내·노력·의지'는 뒤에서 따라온다

플러스 인자가 열의에 의해 활성화되는 일이 있다고 하면 '어떻게 하면 더욱 열의를 가질 수 있게 되는가' 하고 묻는 사람이 있다. 타당한 질문이라고 생각한다. 이 책의 독자인 당신을 위하여 어떻게 하면 더욱 열의를 가질 수 있게 되는지 몇가지 방법을 소개하겠다.

1. 아까도 쓴 바와 같이 '마치 ~처럼' 이론을 실천할 것
   열중하고 있는 시늉, 열심히 하는 시늉을 낼 것. 그렇게 하면 어느 사이엔가 열성적으로 되어 있는 자기를 발견할 것이다. 끈질기다고 생각될지 모르지만 너무나 잘 듣는 방법이므로 일부러 여기서 다시 한번 반복해 두고 싶다.

2. 사소한 일에도 열중하는 것
   예를 들면 "저 뭉게구름을 좀 봐. 감청색 하늘에 비추어 정말 장관이네." 라든가 "정말 기막히게 맛있네, 오늘 저녁식사는. 혹시 당신은 요리의 천재 아냐." 등 잠시 주위를 둘러보기만 하면 열중할

제14장 열의를 삭이지 말라

수 있는 것은 얼마든지 있다. 손질이 잘된 정원을 보고 감동받는 것도 좋을 것이다. 차를 발진할 때의 엔진소리 역시 관심을 가지고 들으면 꽤나 감동적인 소리가 아닐까? 사소한 것에 열중하는 것이 무슨 일에나 열중할 수 있는 성격으로 이어진다.

3. 매일 아침 일하러 나갈 때, 자기 일이 좋다고 자신에게 타이를 것

내 일은 꽤나 재미있다, 즐겁다, 그렇게 생각할 것이다. 반복해서 생각하는 동안에 문득 깨닫고 보면 자기 일이 정말로 좋아지고, 열중해져 있을지도 모른다. 그렇게 되면, 자연히 지금보다도 좋은 일을 할 수 있을 것이다.

4. 매일 전차나 버스, 지하철에 탈 때, 인간이 좋다고 자신을 타이를 것

비록 누군가가 당신을 밀거나 들이받거나 하더라도 그렇게 생각해야 한다. 사람에게는 각기 좋은 면과 재미있는 면이 있다. 그러한 면을 찾도록 노력해야 한다. 사람과 접할 때에는 설령 할 수 없더라도 그 사람과 진지하게 접하고 있는 듯이 행동할 것. 그렇게 하면 이윽고 그 사람도 당신에게 진지하게 응대하게 될 것이다.

5. 일상적으로 자기가 접할 수 있는 '멋진 것·물건'을 생각해 볼 것

예를 들면 장대한 일몰, 화강암 절벽처럼 깊게 주름이 새겨진 노

제14장 열의를 삭이지 말라

인의 표정, 활짝 꽃피운 산딸나무, 오래된 돌벽에 흩날리는 눈……
그런 것을 보면서 인생의 장려함을 생각하는 동안에 이윽고 사물에
열중해질 수 있는 자기를 발견할 것이다. 그리고 당신 자신, 멋진
사람이 되어 있을 것이다.

지금까지 이야기한 것이나 스스로 생각해낸 '열중해지는 법'을 실
천해 나가는 동안에 당신의 내면에 잠들어 있는 플러스 인자라는
훌륭한 것이 부풀어올라 당신 자신이 한결 커질 것이다.
사람들은 건강에는 다대한 관심을 보인다. 보다 건강하게, 보다
강인하게 되기를 원하고, 다이어트를 하거나 운동으로 땀을 흘리거
나 걷거나 조깅을 하느라 여념이 없다. 이것은 크게 좋은 일이다.
건강 만큼의 관심은 아니나 사람들은 두뇌의 활동에도 관심을 기
울이고 있다. 조금이라도 머리 회전이 좋아지도록 지식이 늘어나도
록 집중할 수 있도록 노력하고, 그것을 위해 '두뇌를 활발하게 작용
시키려면'과 같은 책을 읽기도 한다. 노인에게도 교육의 장이 마련
되고, 남녀노소를 불문하고 교육은 그야말로 전성기이다.
그러나 정신면, 마음의 문제가 되면, 그 배려가 극단으로 적어진
다. 가령 정신이 성장할 수 있는 것, 개발할 수 있는 것이라고 한다
면 그것은 건강이나 두뇌와 마찬가지로 훈련하고 소중하게 육성할
필요가 있지 않겠는가.
열중할 수 있느냐 없느냐는 기본적으로는 마음의 문제이다. 물론
몸의 상태가 좋고 두뇌회전도 좋을 때가 열중하기 쉬운 것은 확실
하다. 그렇기 때문에 작금, 몸, 정신, 두뇌의 종합적 개발 필요성이

제14장 열의를 식이지 말라

외쳐지고 있는 것인데, 그것을 할 수 있다면, 각각의 인생의 전반적인 질도 향상하고, 플러스 인자도 많이 나와 보다 충실하고 즐거운 인생을 보낼 수 있을 것이다.

무엇인가에 열중해야 할 것이다. 그렇게 하면 성공에 필요한 것, 예를 들면 목표나 인내나 노력이나 의지와 같은 것은 뒤에서 따라온다. 신은 우리들 한사람 한사람에게 멋진 보물을 주셨던 것이다. 당신은 그 보물을 가지고 있으면서도 그대로 썩여서는 안될 것이다.

제15장
진정한 행복이란

성공의 '대소'가 아닌
인생의 '충실도'가 중요하다

진정한 성공자는 타인이 아니라 자기에게 이기는 것을 항상 생각하고 있다

'인생의 승자'란 어떤 사람인가. 이 말에서 어떠한 이미지를 상상할 것인가?

대개의 사람은 큰 부자나 지위·명성을 얻은 사람, 또는 신문·텔레비전·잡지 등에 화려하게 이름이 오르내리는 유명인이나 정치가를 연상하는 것이 아닐까?

그렇지만 '인생의 승자'는 그러한 사람만이 아니고, 그러한 사람이라고 단정할 수도 없다. 이름이 매스컴에 오르내리지 않는 극히 일반적인 보통 사람들 중에도 가치있는 일을 수행하고 있는 사람은

제15장 진정한 행복이란

얼마든지 있다. 그러한 사람도 '인생의 승자'라고 불러도 좋지 않을까.

플러스 인자는 해가 비치는 곳에 있는 사람과 마찬가지로 그늘에서 분투하고 있는 사람에게서도 비등하고 있다.

나의 숙부 윌리엄 홀톤 필, 별명 윌 숙부님도 딱 한번 오하이오주 린치버그의 지방지에 린치버그 고등학교 졸업생으로서 소개된 일이 있었을 뿐, 전국지에 이름이 실린 일은 없었으나 그의 주위에는 플러스 인자가 찬연히 빛나고 있었음을 기억하고 있다.

숙부의 소년시대는 가난했다고 한다. 노력하지 않으면 아무 것도 손에 넣을 수 없었다고 한다. 그렇지만 숙부는 천부적으로 장사의 재주가 있었다. 숙부가 파는 것은 무엇이든 누구에게든 잘 팔렸다. 좋은 상품만을 팔았고 거짓말은 하지 않았다. 그리고 누구에게든 허물없이 터놓고 사귀는 성격이었다.

숙부는 고등학교를 졸업한 후, 테네시의 작은 도시에서 처음으로 방문판매의 일자리를 얻었다고 했다. 숙부가 물건을 팔러 갔던 곳에서는 연달아 친구가 불어났다고 한다. 그 후 숙부는 테네시대학에 입학하여 학업에 열중하고 표창을 받아 졸업했다.

"부모로부터 한푼의 도움도 받지 않고 대학을 졸업했다"고 자랑스러운 듯이 말하는 것이 윌 숙부님의 입버릇이었다.

대학을 졸업한 후에는 테네시에서 학교 선생이 되었다. 선생으로서도 숙부는 최고였다. 윌 숙부님은 이렇게 말했다.

"가르치는 것은 물건을 파는 것과 마찬가지. 이제부터 무엇인가 하려고 하는 젊은 사람들에게 도움이 되는 지식을 팔아치우는 직업

제15장 진정한 행복이란

이라구."

학생들은 숙부를 존경했다. 몇년인가 지나고나서의 일인데, 현재는 이름이 널리 알려져 있는 실업가로 성공한 숙부의 옛 제자는 당시의 일을 돌이켜보며 이렇게 말했다.

"선생께서는 다른 선생이 가르쳐 주지 않았던 것을 가르쳐주었습니다. 학생에게 용기를 주고 격려해 주었습니다. 선생을 만날 때까지 나는 자신이 없는 인간이었습니다. 그렇지만 선생은 나의 내면에도 멋진 무엇인가가 있다는 것을 가르쳐 주었습니다."

이러한 이야기를 들으면 윌 숙부님이 학생의 플러스 인자를 개발한 듯한 인상까지 받는다. 어쨌든 나는 그렇다고 생각하고 있다. 숙부의 수업을 받은 일이 없는 나 역시 충분히 그 사람과 같은 영향을 받은 것이므로.

'한 단계 높은 곳'으로 오르기 위한 재능의 현명한 사용법

숙부는 언제나 한 단계 높은 곳에 손을 뻗으려고 했다. 부드러운 데다가 재능도 풍부했다. 그러한 재능을 어떻게 사용할 것인가도 충분히 알고 있는 사람이었다.

그런 숙부의 상재(商才)를 어디서 알게 되었는지, 아이오와 주의 개발지역에 토지를 가진 업자가 찾아와 그 토지를 주거용으로 파는 일을 도와달라고 말했다.

숙부는 여러 장소로 찾아다니며 일주일간의 경매를 한다고 선전하고 다녔다. 정지작업을 마친 부지에 도로를 내고 구획정리를 했다.

제15장 진정한 행복이란

큰 나무도 남겨 두었다. 주거지 근처에는 휴식처를 제공하는 나무가 있어야 한다는 것이 숙부의 입버릇이었다.

나도 여름 휴가동안 월 숙부를 따라서 그 토지를 찾아가 측량하거나 구덩이를 파거나 페인트를 칠하는 것을 구경했다.

드디어 경매의 날이 다가왔다.

나는 정치가 윌리엄 제닝스 브라이언으로부터 현재의 웅변가에 이르기까지 유명한 연설을 몇차례 들어본 일이 있는데, 화술이라는 것에 관해서 말한다면 월 숙부님은 그 누구에게도 뒤지지 않을 것이라고 생각하고 있다.

벌써 10년이나 전의 일이지만 월 숙부님이, 많이 모인 아이오와의 사랑하는 농부들을 앞에 두고 집이란 어떠한 것이어야 하는가를 낭랑하게 설파하던 그 모습이 지금도 눈에 선하다. 그 목소리가 지금도 귀에 쟁쟁하다.

숙부님은 옛날 그리운 시절의 미국 가정의 그림을 그려 그것을 내걸어 보였다. 농부들은 그것을 보고 눈물을 흘렸다. 거기에 그려져 있었던 것은 깔끔하게 손질된 잔디와 현관 앞에서 노는 어린이들과, 정취가 있는 오래된 고목 밑을 손에 손을 잡고 걷는 그리운 옛시대의 주부의 모습이었다. 숙부는 한마디 한마디 힘을 담아 이 옛시대의 집에 대하여 열변을 토해냈다.

숙부의 큰 목소리는 마이크의 힘을 빌릴 필요도 없이 모여든 사람들 귀에 울려퍼졌다. 사람들은 알고 있었다. 여기서 이야기를 하고 있는 이 사람도 자기들과 마찬가지로 결코 혜택받은 환경에서 자란 것이 아니다, 그렇지만 자기들과 같은 기분에서 이 미국 토지

제15장 진정한 행복이란

의 일부를 자기것으로서 거기에 뿌리를 내리기를 권하고 있는 것이라고. 그리고 수백여 구획이 팔려나갔다.

그로부터 60년이 흘렀다. 그렇지만 '인생의 승자'라는 말을 듣고 생각나는 것은 이 사랑스러운 숙부——재주 많고 아이디어가 풍부하고 결코 좌절하는 일이 없었던 숙부님에 대해서이다.

뉴욕에서 최고인 스테이크의 숨은 맛

인생의 승자라고 일컫는 사람은 인생의 실속을 중요시한다. 그러한 사람은 대개 자기 내면에 확실한 것을 가지고 있고, 그것을 타인에게 전하고 있다. 거기에는 속임수가 없다.

인생은 알맹이가 얼마나 중요한가를 생각할 때 언제나 머리에 떠오르는 것은 옛친구 존 에디슨이다.

내가 아직 독신으로 젊었던 시절로, 뉴욕 주 시라큐스 시에서 목사로 일하던 어느날 저녁의 일이다. 나는 골목길에 있는 작은 레스토랑을 발견했다. 산뜻한 느낌이 드는 좋은 가게였고 약간 배가 출출했으므로 안으로 들어가 카운터 의자에 올라가 앉았다. 조리실에서 흡사 중동 출신이라는 느낌이 드는 남자가 나왔다. 그 남자는 내 얼굴을 보더니 갑자기 주름이 잔뜩 잡힌 미소를 띠고 말했다.

"필 목사가 아니신가요. 어서 오십시오. 잘 오셨습니다."

나는 놀라서 말했다.

"어디선가 저를 만나셨던가요?"

"예에, 그야 물론. 당신의 교회에서 매주 일요일에 만나고 있으니

제15장 진정한 행복이란

까요."

"이건 실례했습니다. 성함은 어떻게 되시는지요?"

"영어 이름으로 괜찮습니까. 그쪽이 레바논 이름보다 익히기 쉬우니까. 조 에디슨이라고 합니다. 조라고 불러 주십시오. 그럼 나는 이제부터 맛있는 스테이크를 구워 드리겠습니다."

그렇게 말하더니 조는 스윙도어 건너쪽으로 사라졌다. 잠시후에 아까와 마찬가지로 주름을 잔뜩 잡은 얼굴에 미소를 짓고 모습을 나타낸 조는 진품의 성찬이라도 내놓는 듯한 몸짓으로 내 앞에 갓 구은 스테이크를 놓았다.

그것은 정말로 맛이 있었다. 그렇게 맛있는 스테이크를 먹은 것은 처음이었다. 곁에 서서 내가 뭔가 말하기를 기다리고 있던 조는 나의 찬사에 이렇게 대답했다.

"저의 스테이크는 최고입니다."

마치 움직일 수 없는 사실을 말하고 있는 듯한 어조였다.

"뉴욕 중심가에서는 최고입니다. 아니 이 주에서 최고일지도 모릅니다. 나는 서부에서 가장 상질의 소고기만을 사용하기로 하고 있습니다. 질이 모토이므로 언제나 최상의 것, 품질이 좋은 것을 제공하도록 마음쓰고 있습니다."

그날 이래 나는 최저 2주일에 한 번은 조가 있는 가게에서 그가 자랑하는 스테이크를 먹게 되었다. 어느날 밤, 나는 물었다.

"조, 당신의 꿈은 무엇인가요?"

조는 눈을 반짝이며 대답했다.

"어떤 곳이라도 좋으니, 최고로 질이 좋은 요리를 제공하는 나 자

제15장 진정한 행복이란

신의 가게를 갖는 것입니다. 나는 요리를 좋아합니다. 체인점은 하고 싶지 않습니다. 스스로 요리를 하고 싶습니다."

조는 레바논의 가난한 가정에서 태어났다. 이 나라에 왔을 때에는 무일푼이라고 해도 좋을 정도였다. 그렇지만 조는 이제 질을 문제로 삼을 정도가 되어 있었다.

그후에 마침내 꿈이 이루어져 조는 서해안에서 이상으로 삼던 가게를 열었다.

나도 업무상 근처까지 가게 되면 반드시 조의 가게에 얼굴을 내밀었다. 그것이 여러 해 계속되었다.

그 가게에는 카운터 따위는 없었다. 큰 가게는 아니었으나 마음이 푸근해지는 가게였다. 조는 내가 찾아갈 때마다 나를 끌어안고 말했다.

"와주셨군요. 자, 여기에 앉으세요. 곧 맛있는 스테이크를 구워 올 테니."

조가 갖다주는 스테이크는 이전과 다름없이 천하일품이었다. 내가 먹고 있는 동안, 조는 주위를 서성거리면서 즐거워하고 있었다.

조는 마음이 따스한 가족에 둘러싸여 행복했고 물질적으로도 성공을 거두었다. 가게는 조가 추구한 질과 타고난 온화함으로 일류라고 불릴만큼 되어 있었다. 조는 내가 알고 있는 요리인 중에서 가장 많은 플러스 인자를 요리에 기울인 사람이었다.

조는 이미 세상을 떠났다. 그렇지만 '단골손님'들은 지금도 여전히 꿈을 이루고 '인생의 승자'가 된 조를 경애하고 조에 대하여 그리워하고 있다.

제15장 진정한 행복이란

일생 중 6번밖에 행복을 느끼지 못했던 나폴레옹

어떤 일이든 머리를 써서 열심히 무엇인가를 성취한 사람은 '인생의 승자'로 부르기에 적절하다. 그렇다면 어떻게 하면 자기가 하고 싶은 것을 성취하고 '인생의 승자'가 될 수 있을까?

각각의 분야에서 최고의 위치에 오른 사람들에게 공통되는 면은 무엇인가를 내 나름대로 관찰해 본 일이 있다. 그것은 노력에 노력을 거듭하고 있다는 지극히 단순한 것이었다.

정상에 서있는 사람들은 언제나 최선을 다하고 있는 것이다. 처음부터 부자가 되고 싶다거나 유명해지고 싶다거나, 누군가의 마음을 붙잡고 싶다고 생각하여 그대로 된 사람은 없다. 그들이 항상 염두에 두고 있는 것은 자기자신——항상 싸우고 있는 것은 자기자신이고, 결코 누군가를 앞지르겠다고는 생각하지 않는다. 언제나 정진에 정진을 거듭하고 현재의 자기보다 일보 앞으로 나가려고 노력하고 있는 것이다.

이따금 나는 길을 걷는 사람을 물끄러미 바라보면서 생각한다. 이 사람들은 무엇을 추구하며 노력하고 있을까? 이 사람들에게는 확실한 꿈이나 목표가 있는 것일까? 그리고 그 꿈은 만족감이나 행복을 가져다 주는 것일까?

고생하여 손에 넣은 것이 가치가 있는 것, 행복을 가져다 주는 것이라면 그 사람은 '인생의 승자'라고 말할 수 있을 것이다. 그렇지만 고생 끝에 손에 넣은 것이 행복으로 이어지지 않는다면 어떻게 되

제15장 진정한 행복이란

겠는가? 내가 언젠가 만난 여배우처럼, 모처럼 손에 넣은 것이 행복과 동떨어진 것이었다면 어떻게 할 것인가.

전에 할리우드의 파티에서 부와 명성을 획득했다고 말할 수 있는 여배우와 짧지만 잊을 수 없는 회화를 나눈 일이 있었다.

그녀는 세련되고 아름다웠고 '인생의 대승리자'로 대우받고 있었다. 그녀의 주위를 그녀만큼 빛을 발하지 못하는 스타들이 에워싸고, 그 안에서 그녀는 명랑하게 위트를 섞어가면서 웃음으로 속삭이고 있었다.

그러던 중 그녀는 내가 있는 곳으로 다가와, 만나게 되어서 영광이라고 말을 걸어왔다. 나도 마찬가지라고 대답하고 나는 이렇게 말했다.

"여기서의 연극도 능숙하군요."

"네에, 그렇습니다. 이건 연극이지요. 사실은 조금도 행복하지 않거든요. 지금까지 살아온 중에서 정말로 행복하다고 생각한 것은 10회 정도일까요. 행복해지고 싶어도 인연이 없는 것 같아요."

"나폴레옹보다는 나은데요."

"넷? 어째서요?"

"당신은 지금까지의 10회 정도는 행복을 느꼈다고 말했지요. 그렇지만 나폴레옹은 세인트 헬레나 섬에서, 지금까지의 인생에서 행복을 느낀 것은 고작 6회라고 말했습니다. 당신 쪽이 조금 나은 편이지요. 그건 그렇다 치고, 당신은 정상까지 올라간 현재의 자신에게 행복을 느끼지 않나요?"

그녀는 말했다.

제15장 진정한 행복이란

"그렇습니다. 솔직히 저는, 어떻게 하면 내가 행복해질 수 있는지 잘 알고 있어요. 하지만 여기까지 올라오는 동안 완전히 감정을 잃은 인간이 되어버려서……. 소중한 것을 잃어버린 것 같아요."

그렇게 말한 뒤에 그녀는 뜻밖의 말을 했다.

"생각나게 해 주셔서 고맙습니다. 저, 노력해 보겠어요. 스스로도 잘 알고 있는걸요. 어떻게 하면 행복해질 수 있는지."

'인간의 첫번째 의무는 행복을 발견하는 것이다'

어느 저명한 심리학자는 "인간의 첫번째 의무는 인생을 참아내는 것이다"라고 말했다. 그렇지만 나는 그렇게 생각지 않는다. 인간의 첫번째 의무는 인생의 거친 파도를 극복하고 행복을 발견하는 것이다. 그렇지만 대체 어느 정도의 사람이 진정한 행복을 발견하고 있을까?

언제였던가, 신문에서 카이와니스 클럽이라는 단체가 혼잡이 심한 가두로 나가 정말로 행복해 보이는 111명의 사람에게 각기 1달러씩 나누어주는 시도를 했다는 기사를 읽었다.

몇 사람이나 1달러를 받는 행운을 얻었다고 생각하는가? ……22명이다. 혼잡 속의 수많은 사람 중에서 행복해 보이는 사람이 겨우 22명. 그런 일이 있어서야 되겠는가.

정말로 행복한 사람에게는 천진난만한 사람이 많다. 자유분방, 어린애 같은 천진성으로 있을 수 있을 만큼 마음이 넓은 사람이라고나 할까. 어린이가 가지고 있는 무엇에든 놀라고 감탄하는 마음은

제15장 진정한 행복이란

행복으로 통하는 면이 있는 것일까?

나는 언젠가 남부 조지아 주의 소나무 숲속에 있는 옛 친구의 집에서 하룻밤을 머문 일이 있다. 아침에 눈을 뜨고 조용히 의자에 걸터앉아 있는데 창밖에서 갑자기 티티새가 우는 소리가 들려왔다. 새는 창 바로 곁의 소나무 가지에 앉아서 소리높이 울고 있었다. 아름다운 목소리였다. 높고 깨끗하고 리드미컬하고 정적에 빨려들어가는 것 같고, 하늘까지 닿을 듯한 울음소리였다.

나는 그 새소리에 귀를 기울이면서 우두커니 생각하고 있었다.

"저 새에게는 걱정할 것이 아무것도 없겠구나. 세금을 내는 일도 없고, 지금 워싱턴에서 무엇이 일어나는지, 관청에서 무슨 일이 일어나고 있는지 걱정할 필요도 없다. 그저 즐거운 일만이 있구나."

그런데 바로 그때 누군가의 노래소리가 들려왔다. 나이든 남자의 목소리였다.

"아아, 이 뿌듯한 행복······"

그러한 가사였다. 나는 창밖을 내다보며 그 남자에게 말을 걸었다.

"당신은 그렇게 행복한가요?"

그 남자는 대답했다.

"예에, 나는 매일 아침 여기서 정원일을 하면서 새와 함께 노래한답니다. 아주 행복하지요."

"그 새는 매일 아침 이곳에 오나요?"

"예, 매일 아침 옵니다. 그리고 나도 매일 아침 노래하지요."

"저 새도 '아아, 이 뿌듯한 행복······'이라고 노래하고 있다고 생

제15장 진정한 행복이란

각합니까?"

그 남자는 이렇게 대답했다.

"그렇다고 생각합니다. 새의 말로요. 새도 나도 이 세상에 생을 부여받은 똑같은 생물입니다. 날개를 가진 새는 저 나무 위에서, 머리가 허연 나는 이 땅 위에서, 각기 사는 것의 기쁨을 구가하고 있답니다."

제16장
활력을 살리는 건강법

힘찬 인생을 보내기 위한
'체력과 기력'을 기르는 비결

우리 부부가 건강한 생활을 보내는 비결

오늘의 미국은 일찍이 유례가 없었을 만큼 건강 지향이 강하다고 말해도 좋다. 신문·잡지나 텔레비전 라디오에서도 이 문제는 대대적으로 취급되고 있다. 우리의 크리스찬 리빙협회에도 연간 수천통이나 되는 상담 편지가 배달되는데, 그중에서 가장 많은 것은 역시 본인 혹은 가족 등에 관한 건강 상담이다.

의학 지식도 별로 없는 내가 건강을 유지하기 위한 힌트를 전하려면 어떻게 해야 좋은가? 다행히 나는 건강을 축복받았다. 그렇다면 이 내가 어떻게 건강을 유지하고 있는지, 그 구체적 노하우를 전하는 것이 제일이 아닌가 생각한다.

제16장 활력을 살리는 건강법

나는 언제나 아내 루스와 함께 일을 하고, 함께 생활하고 있다. 우리 두 사람이 어떻게 활력이 가득찬 건강한 생활을 하고 있는지 그 비결을 이야기하기로 하겠다.

우리들은 흔히 말하는 맞벌이 부부이다. 두 사람 모두 비교적 큰 잡지 2개사의 임원으로 일하고 있다. 루스는 내 책의 편집을 맡고 있다. 그리고 그녀 자신도 또한 천직이라고 할까, 저술업을 영위하고 있다. 그녀는 내 강연여행에도 동행한다. 여행중에는 둘이서 원고를 쓰고, 막대한 양의 우편물을 처리한다. 우리들의 스케줄을 제대로 소화하려면 상당한 에너지가 필요하다. 그러기 위해서는 우선 우리들이 건강해야 한다는 것이 중요하다. 그렇지 않으면 활력은 나오지 않는다.

루스는 지금까지 병치레다운 병을 앓은 일이 없다. 그것은 나도 마찬가지이다. 우리는 결혼한지 이미 50년 이상이 되지만 그 동안에 나는 그녀에 대해 한몸으로 생각하고 지성을 공유할 수 있는 반려로서 인정하게 되었다. 그러므로 이번에도 여기에 쓰는데 있어서,

"루스, 우리들이 지금까지 쭉 건강하게 살아온 것은 어떤 이유라고 생각하오? 독자에의 힌트가 되었으면 하는 생각에서 건강을 유지하기 위해 둘이서 살아온 것을 써야겠다고 생각하고 있는데."

라고 루스에게 물어보았다.

그렇게 해서 우리들이 해온 것을 돌이켜 보면서 둘이서 생각한 것이 이제부터 소개하는 건강법이다.

제16장 활력을 살리는 건강법

'이른 취침 · 이른 기상 · 검소한 식사 · 자주 걷는 것'

우선 건강하고 행복한 생활을 영위하기 위해서는 좋아하는 일을 하는 것이 필요하지 않겠느냐는 것이 두 사람의 일치된 견해였다. 우리는 건강하고 정력적인 생활을 보내고 일도 열심히 처리하고 있다. 우리가 여러 해 동안 계속하고 있는 일과는 대체로 다음과 같은 것이다.

아침식사는 7시 전에 들기 시작하고 신문을 읽거나 원고를 쓰거나 하면서 8시반부터 9시경까지 자택에서 일을 한다. 그리고나서 협회에 간다. 협회에서는 각종 문제의 협의라든가 회의에 참석하고 인터뷰에 응하고 구술로 우편물을 처리하거나 전화 응대를 하는 등 매우 분주한 활동을 하고 있다. 점심식사 후에는 보통의 반 정도의 샌드위치와 사과 반 개를 책상에서 대개 15분 정도에 먹는다.

가이드포스트 출판사나 협회에 없을 때는 어딘가 협회의 전국회의 강연 등으로 미 전국, 또는 캐나다를 비롯하여 아득히 뉴질랜드나 오스트레일리아까지 나가는 일이 많다.

나도 루스도 이 생활을 마음에 들어한다. 그러므로 휴식은 거의 취하지 않는다. 이 분주함은 몇달이고 몇년이고 계속된다. 그렇지만, 아니 그보다는 이토록 일을 좋아하기 때문에, 그 덕분에 우리들은 건강하다.

솔직히 말해서 건강에 대해서는 이 장을 쓰기 전까지는 거의 의식한 일이 없었다. 막상 쓰려고 하는 단계에 이르러 이렇게 빡빡한

제16장 활력을 살리는 건강법

스케줄을 처리해 왔는데 병다운 병도 걸리지 않고 일에 몰두해 온 것은 어찌된 이유일까 하고 새삼 생각했을 따름이다.

우리들은 특별한 인간이 아니다. 보통 인간이다. 그 보통 인간이 일에 정력을 쏟고 1년에 24만킬로미터의 강연여행을 몇년이고 계속해 왔다는 것은, 다른 사람도 그럴 마음만 있으면 할 수 있는 것이 아닐까?

다음에 식생활의 이야기를 하겠다. 건강에 주는 영향은 매우 크다.

우리들의 식탁은 아주 검소하다. 아침은 바나나 한 개가 든 콘 프레이크 등의 곡물 가공식품을 대개 한컵 분량과 토스트 한장이나 잉글리쉬마핀 하나. 점심은 아까도 말했듯이 간단한 것을 업무책상에서 먹는다. 저녁은 일찍 들고 내용은 물고기나 닭고기에 야채를 곁들인 것과 그밖에 샐러드를 먹는다.

닭고기 이외의 고기를 먹을 때는 기껏해야 송아지 고기로, 살코기는 거의 먹지 않는다. 칼로리 계산은 하지 않으나 단 것은 피하고 있다. 식탁에는 소금은 사용하지 않고 설탕도 테이블에 준비되어 있지 않다. 폭음, 폭식은 하지 않는다. 또한 간식도 들지 않는다.

특별히 일어나서 해야만 할 일이 아닌 한, 잠자리에 드는 시간은 빠르다. 자택의 농원에 있을 때는 잠자리에 들기 전이나 저녁식사 전에 2, 3킬로의 산책을 하고 때로는 수영을 한다.

뉴욕에 있을 때는 5번가, 매디슨가, 파크 거리를 매일 2, 3킬로 걷고 있다. 1.5킬로미터 정도 떨어진 곳에 우리들이 좋아하는 중국요리점과 독일요리점이 있어서, 거기에 갈 때는 걸어갔다가 걸어서 돌

제16장 활력을 살리는 건강법

아온다. 우리들은 걷는 것을 소중히 여기고 있다. 걷는 것이 건강을 유지해준다고 생각하고 있다.

'마음 고생·걱정'은 질병의 강력한 아군

앞에서도 쓴 바와 같이 일이 몸에 해를 미친다고는 생각하고 있지 않다. 오히려 건강에 플러스가 된다고 생각하고 있다. 의미있고 좋은 일에 몰두하고 있으면 병 따위는 접근하지 못한다. 무엇보다 병치레를 하고 있을 겨를이 없다.

하지만 이 장을 쓰기 시작하는데 있어서,

"어째서 이렇게 나이를 먹었는데 우리들은 건강하게 살아갈 수 있는가"하고 루스에게 물었을 때 그녀는 이렇게 대답했던 것이다.

"글쎄요. 사소한 문제로 걱정하는 일이 없고, 불안도 없고, 사람을 미워하는 일이 없기 때문이 아닐까요. 우리들은 사람을 사랑하고 있고, 남들이 기뻐하는 것을 하고 있어요. 그러니까 건강한 것이 아닐까요."

최근에 읽은 「선데이 타임즈」에 '밝게 생각하여 질병을 막자'고 하는 제목의 기사가 나와 있었다. '잔걱정이나 고민이 병에 대한 저항력을 약화한다'고 분명하게 단언한 내용의 기사였다.

일반적으로 질병은 잔걱정이나 정신적 침체가 계속된 뒤에 일어나기 쉽다고 믿어져 왔는데, 이것이 진실이라는 것을 최근의 연구로 조금씩 밝혀지고 있다. 면역학자들에 의해 몸과 정신의 관계에 메스가 가해지고 있는 것이다.

제16장 활력을 살리는 건강법

한가지 예를 들면, 스트레스를 받으면 코티솔이라고 불리는 스테로이드가 다량으로 분비되는 것은 널리 알려져 있다. 그 코티솔은 면역기구의 열쇠를 쥐는 대식세포의 활동을 약화한다고 한다. 즉 우리들의 몸은 스트레스를 받으면 세균에 대한 정상적 방어활동을 하지 않게 된다는 것이다.

이와 같이 스트레스가 면역활동을 약화하는 것을 증명한 연구자는 이번에는 무엇이 면역활동을 촉진하는가의 연구에 착수하고 싶다고 말하는데…….

영국 마스덴병원의 스테판 그리아 박사는 걱정거리가 육체에 어떤 영향을 주는가의 연구성과를 발표하고 있다. 박사는 암으로 유방을 절제한 여성의 정신경향을 조사하고, 낙천적으로 생각하고 있는 사람쪽이 항상 잔걱정만 하고 있는 사람보다 10년이나 더 생존율이 높다는 것을 밝혀내고 있다. 박사는 말한다.

"이제부터는 환자에게 마음자세를 가르쳐야만 할 것입니다. 부정적인 사고를 어떻게 극복하느냐 하는 정신적 책략입니다."

이것뿐만 아니라 수많은 의미있는 연구에 의해 오늘날에는 건강이 정신에 좌우된다는 것이 밝혀지고 있다.

나도 지금까지 여러 사람을 보아 왔는데, 건강을 유지하는 커다란 열쇠는 정신을 건전하게 보존하는데 있다고 단언할 수 있다.

제16장 활력을 살리는 건강법

자기를 괴롭히고 있는 것을 삼키려 하기 때문에 비만해진다

마음을 동요시키는 것에는 여러가지가 있는데 그중 하나로 죄악감이 있다. 오늘의 세상에는 나쁜 짓을 하더라도 발각되지 않으면, 사람을 해치거나 하지 않으면 용서받는다는 풍조가 있다.

그러나 거기에는 함정이 있고, 아무도 상처주고 있지 않은 듯이 보이는데 실은 누군가를 상처주고 있는 것이다. 그것은 바로 본인이다. 꺼림직한 행위는 자기의 행복을 좀먹는다. 정신을 좀먹고, 몸을 좀먹어 병을 일으킬지도 모른다.

어느 이비인후과의 유명한 선생이 이명(耳鳴)이나 난청, 현기증과 같은 질병은 반드시 신체적 결함으로 일어난다고는 할 수 없고 죄악감에 의해 야기되는 일도 있다고 말해준 일이 있다.

이 분야에서는 미국 최고의 권위라고 동료로부터 확실한 보증이 붙은 이 의사는 최근 왼쪽 귀에 통증을 호소하는 여성환자를 진찰했다.

그런데 아무리 세심하게 살펴보아도 그 환자에게는 나쁜 곳이 없었다. 그래도 "어딘가 이상합니다"라면서 그 환자는 여러번 병원을 찾아왔다.

의사는 그 여성을 열심히 진찰했다. 그녀는 그 연령으로 보아 상당히 비만이었다. 이렇게 살이 찌지 않았다면 필시 예쁜 사람일 것이라고 그 의사는 생각했다고 한다. 강박관념에서 닥치는대로 음식

제16장 활력을 살리는 건강법

을 입에 처넣고 있음은 분명했다.

강박신경증에는 지나치게 음식을 입에 넣는 사람과 지나치게 마시는 사람이 있다. 어느쪽이나 정신적인 갈등이 원인이다. 만일 당신도 필요 이상으로 이상하게 음식이나 음료를 입에 넣는 사람을 발견한다면, 그 사람은 정신적으로 문제가 있거나 심리적으로 이상한 상황에 있다고 생각해도 큰 지장이 없다. 많이 먹음으로써 자기를 괴롭히고 있는 무엇인가를 삼켜버리려고 하는 것이다.

의사는 왜 그렇게 살이 쪘느냐고 그 여성에게 물었다. 그녀는 이렇게 대답했다.

"불행하기 때문이 아닐까요. 이전에는 결혼한 몸이었으나 남편을 배반하고 이혼했습니다. 지금은 결혼한 남성과 불륜의 관계에 있습니다. 그렇지만 그것이 나의 과식이나 귀와 어떤 관계가 있을까요?"

"결정적인 관계가 있는 경우도 있습니다."

"그렇습니까? 그럼 어떻게 하면 좋지요. 나 자신도 이래서는 안된다는 것을 알고 있고, 몹시 비참한 심정입니다. 하지만 어떻게 하면 벗어날 수 있지요?"

그 의사는 이렇게 말했다고 한다.

"우선은 당신의 그 '안되는 것을 하고 있다'고 하는 기분을 제거해야 합니다. 당신이 갈등 속에 몸을 던진 상태로 행복해질 수 있을지, 건강해질 수 있을지 의문입니다. 그러나 '안된다'고 생각하는 마음을 우선 없애야 하겠습니다."

그 여성은 진지하게 죄악감을 없애는 노력을 하고, 불륜의 상대와의 만남을 끊었다. 서서히 체중이 줄고 15킬로를 감량했다. 건강을

제16장 활력을 살리는 건강법

되찾고 마음도 온화해지고 행복한 기분에 젖을 수 있게 되었다. 그러자 거짓말처럼 귀의 통증도 사라졌다고 한다.

이와 같이 죄악감은 마음을 상처입히고 몸을 상처준다.

죄악감을 오래 품고 있으면, 불안이나 걱정거리가 생긴다. 그리고 이 불안이나 걱정거리도 우리들을 괴롭히는 것이다. 실제로 죄악감과 불안은 일체가 되어 있는 일이 많다. 이 두 가지가 일체가 되어 행복한 생활을 위협하기 시작하면 우리들은 그것에 대처하지 못하고 비참한 상태로 몰린다.

그러므로 만일 당신이 불안이나 걱정거리를 안고 있다면 죄악감이 원인이 아닌지 자문해 볼 것을 권한다. 만일 그러하다면 원인이 되고 있는 죄악감을 제거하면 자연히 불안도 걱정거리도 사라진다.

일찍 늙는 사람은 슬픔이 가득찬 '옛 서랍'을 빈번하게 여는 사람

나의 형제 로버트 클리포드 필은 하버드 의과대학을 졸업한 외과 의사인데, 나는 오래 전부터 그를 천성의 의사라고 생각해 왔다. 천성적으로 사람을 대하는 인상이 좋고 환자로부터도 크게 존경받고 있다. 그 로버트가 언젠가 이런 이야기를 했다.

"노만, 자네는 아무리 일에 쫓기더라도 분명히 오래 살 거야."

왜 그렇게 생각하느냐고 물었더니 그는 이렇게 대답했다.

"아무리 바쁜 중이라도 마음의 평안을 발견하는 방법을 알고 있기 때문이지. 루스도 같은 재능을 가지고 있고. 게다가 자네보다 훨

제16장 활력을 살리는 건강법

씬 많이."

그의 말이 옳다면, 그것은 나도 루스도 이 세상에서 가장 소중한 은총은 무엇인가를 알고 있기 때문일 것이다.

사고방식이 건강에 영향을 준다는 것도 널리 알려져 있다.

고(故)제임스 A. 파리 전 체신장관과는 생전에 친밀한 교분이 있었는데, 언젠가 시내에서 우연히 만나 덕담을 나눴을 때의 일이다. 그때 그는 이미 80세를 넘어서도 있었다고 생각되는데 나는 그 건강한 모습에 새삼 경복하여 이렇게 말한 것을 기억하고 있다.

"짐, 당신은 25년 전과 조금도 달라지지 않았군요. 전혀 늙은 모습도 없어요. 어떻게 그런 건강을 유지하고 있습니까?"

짐은 미소를 짓고 말했다.

"그것은 나이보다 고약한 것을 생각하지 않기 때문이지."

나이보다 고약한 것이란 어떠한 것일까? 짐이 말하고 싶었던 것은 누구나가 지나쳐온 지금까지의 인생의 걱정이나 슬픔을 낡은 서랍에서 끄집어내어 한숨을 짓거나 감개에 빠지거나 하지 않는다는 뜻이 아닐까.

옛날일을 생각하면 화가 나는 일도 있을 것이고, 미움이 되살아나는 일도 있을 것이다. 그런 감정을 계속 가지고 있으면 몸에 좋을 리가 없다. 그리고 과거를 돌이키면 분노가 폭발할 듯이 된다는 이야기는 자주 듣는다. 부글부글 끓는 분노가 아니라 하더라도 그것이 언제까지고 마음속에 연기를 피우고 있으면 모르는 사이에 몸에 나쁜 영향을 주지 않는다고도 단정할 수 없다.

하지만 세상에는 즐거운 일만을 생각하고 항상 자기를 고무해 주

제16장 활력을 살리는 건강법

는 것을 추구하고, 살아가는 것의 훌륭한 맛을 향수하고 있는 노인도 있다. 언제까지나 기력, 기백을 잃지 않고 패기를 잃지 않고, 플러스 인자가, 흥미를 가지고 생기있고 힘차게 사는 것에 도움을 주고 있는 사람들이다.

건강을 바라는 것은 좋은 일이다. 자기의 건강한 모습을 상상하고, 그것을 소망한다면, 그것은 현실이 되기 쉽다. 나도 지금까지 몇 번인가 약간 마음에 걸리는 병에 걸렸던 일이 있는데, 그때마다 나을 것이 틀림없다고 생각하고 그렇게 기대했다. 그 때문인지 아닌지는 모르지만 항상 병은 완치되었다.

무슨 일이든 좋은 쪽으로 생각하는 것은 육체적으로도 정신적으로도 좋은 결과를 낳는다. 반드시 낫는다고 이미지하면 플러스 인자가 그것을 후원해 준다. 적어도 그 노력은 해준다. 정신력이 플러스 인자에 자극을 주는 것이다.

분별을 가지고 적극적으로 생각하고, 좋은 결과가 나온다고 믿을 것이다. 그렇게 하면 반드시라고는 할 수 없지만 대개는 건강해질 수 있을 것이고, 그것을 유지할 수도 있을 것이다(물론 의학 전문가의 도움을 빌리는 것은 절대 필요하다).

나와 루스의 건강법을 요약하면 다음과 같다.

1. 흥미를 가질 수 있는 일을 한다. 적극적이고 의미있는 일을 한다.
2. 검소한 식생활을 한다. 폭음, 폭식을 하지 않는다.
3. 일찍 자고 일찍 일어난다.
4. 걷는 운동을 빼놓지 않는다. 수영도 좋다.

제16장 활력을 살리는 건강법

5. 사람을 사랑한다. 미워하지 않는다. 불안을 품지 않는다.
6. 죄악감의 희생이 되지 않는다. 죄악감을 갖지 않고 사는 생활을 한다.
7. 마음을 언제나 건전하게 유지하도록 노력한다.
8. 자기 힘을 넘어선 어떤 것이 자기를 지켜준다고 믿고 항상 마음을 온화하게 유지하는 노력을 한다.
9. 자기의 건강한 모습을 상상하고, 그렇게 되고 싶다고 소원한다.
10. 마음을 갈고닦는 노력을 함으로써 플러스 인자의 작용을 끌어낸다.

제17장

실패에 꺾이지 말라

성공에로 크게 전진하기 위한
'곤란' 활용법

어찌할 수 없이 쓰라린 기분을 전환한 친구와의 두 시간의 회화

짐 데카가 머리에 떠올라 뇌리에서 도무지 사라지지 않았다. 이것은 좀 이상하다, 한동안 만나지도 않았는데······.

이런 식으로 누군가 마음에 걸려 개운치 않을 때는 그 사람에게 연락을 취해보는 것이 좋다. 이것은 나의 장년의 경험에서 알게 된 것이다. 벌써 연락했어야 한다고 생각하는 일이 많았기 때문이다. 즉시 나는 짐을 만나러 갔다.

짐은 자기 사무실 의자에 몸을 깊이 파묻고 그야말로 절망과 우울의 화석처럼 되어 있었다.

제17장 실패에 꺾이지 말라

"어떻게 된 거야, 짐. 평소같으면 책상 앞에 의기양양하게 앉아있어야 할 자네가…… 대체 무슨 일이 있었지, 그렇게 우울한 얼굴을 하고 이야기를 털어놓는게 후련해질 걸세."

"지금까지 살아온 중에 가장 큰 좌절이야. 중요한 거래처를 빼앗겨 버렸네. 우리 거래의 3분의 1을 차지하고 있던 회사라구. '적극적으로 생각하고 분발하라'고 격려해줄 생각일 테지만 이번에는 별로 효과를 기대할 수 없을지 몰라. 이젠 틀렸어. 재기할 수가 없어."

짐의 목소리는 비통했다.

"그럴지도 모르지. 그렇지만 누군가에게 이야기하면 마음이나마 개운해지는 일도 있잖아. 내가 특별한 지혜를 가지고 있는 것도 아니지. 그렇지만 자네에 대해 멋진 사람이라고 생각하고 있고, 자네의 힘을 믿고 있고, 자네를 걱정하고 있어. 그러한 친구에게 이야기해 보는 것도 나쁘진 않을 거라고 생각되는데."

"그렇겠지. 와주어서 고마워. 그야말로 자네답군. 이런 때에 와주다니. 생각할 만큼 생각해 봤지만 머리 속만 혼란에 빠질 뿐이야. 자네에게 이야기하면 조금은 정리될 수 있을지도 모르겠군. 어느 정도나 시간이 있나?"

"시간이 되면 말할테니, 걱정하지 말고 이야기나 해보게."

짐은 이야기를 시작했다. 몽땅 털어놓고 자기 행위를 '어리석었다'고 탄식하고, 바보같은 잘못을 저질렀다고도 말했다.

그렇지만 이야기를 해나가는 동안에 처음에는 '이렇게 했어야 한다'만 반복하고 있었으나 차츰 '이렇게 될지도 모른다'로 변하고, 결국에는 '이렇게 하겠어'로 변해갔다. 스스로 해결책을 찾기 시작한

제17장 실패에 꺾이지 말라

것이다. '과거의 일'에서 '이제부터 앞의 일'로 머리를 전환하기 시작한 것이다. 그리고 그것이 회복으로 향하는 제1보인 것이다.

　나는 오후 3시에 짐의 사무실로 가서 5시 45분에 그곳을 나왔다. 두 시간 이상이나 이야기를 듣고 있었던 셈이다. 그렇지만 간 것은 정말 잘한 일이라고 생각한다. 자기에 대하여 신경써 주는 친구에게 이야기를 들려줌으로써 짐 데카는 한층 크게 성장하고 곤경을 극복할 수 있었던 것이므로.

　이 경우의 짐처럼, 누군가의 힘을 빌려 재기하는 계기를 잡는 사람은 적지 않다. 그런 의미에서는 자기에 대해 잘 이해해 주고, 그것을 능숙하게 칭찬해 주는 사람이 있다는 것은 중요한 것이다. 그러한 친구가 많이 있는 사람은 그만큼 회복도 빨라진다.

　사람들과 사귀어나가는 중에 도움을 필요로 하고 있는 사람을 민감하게 느끼고, 그 사람에게 구원의 손길을 뻗는 공제제도와 같은 관계를 수립하는 것도 좋다. 자기가 곤란할 때에 도움을 받을 수 있기 때문이 아니다. 그것이 인간으로서 사는 바른 방법이기 때문이다.

'나는 스스로 생각하고 있는 것보다 훨씬 큰 인간이다.'

　누구든 넘어지는 일은 있다. 그것이 인생이라는 여정일 것이다. 그렇지만 한번만 넘어지는 것이 아니라 여러 차례 계속해서 넘어진 경우(때로는 그러한 일도 있다)에는 재기할 기력이 소진되는 일도 있다. 그러나 거기서 단념한다면 정말로 재기할 수 없게 되어버린다.

　무엇인가에 걸려 넘어졌다면 즉시 일어나서 거울을 들여다보고

제17장 실패에 꺾이지 말라

자신에게 이렇게 타이르면 된다.

"나는 스스로 생각하는 것보다 훨씬 큰 인간이다. 훨씬 힘이 강한 인간이다."

그렇게 말하고 자기 내면의 플러스 인자라는 '큰 것'을 환기시키는 것이다.

나의 친구로 스미스 존슨이라는 남자가 있다. 당대에 고무회사를 일으켜세운 독창적인 기사로 그림 그리는 재주도 있고 꽤나 적극적인 인물이다.

존슨은 어린 시절, 공포와 싸워서 극복하고, 그 덕분에 한층 크게 성장했다고 한다. 공포라는 것은 내버려두면 차츰 부풀어오른다. 그것을 극복한 것이므로 가일층 커졌을 것이다.

존슨의 이야기를 들어보자.

"열 살 쯤 되었을 때, 나는 '어떤 모험'을 했습니다. 그것은 지금도 분명하게 기억하고 있어요. 나는 어릴 때부터 천둥이나 벼락을 이상하게 무서워하고, 심한 폭풍우가 오면 폭풍이 가라앉을 때까지 침대에 파묻혀 있는 연약한 아이였습니다.

그날도 심한 폭풍의 밤이었습니다. 10시경이었다고 생각되는데 나는 그때 결심했습니다. 어떤 일이 벌어지든 밖으로 나가 자기가 무서워하고 있는 것의 정체를 알아내야만 하겠다──그렇게 생각했던 것입니다.

나는 일단 잔뜩 웅크리고 있던 침실을 빠져나와 장화를 신고, 레인코트를 걸치고 부모님이 일어나지 않도록 살그머니 계단을 내려와 밖으로 나갔습니다.

제17장 실패에 꺾이지 말라

나의 집은 마을에서 1, 2킬로 떨어진 한적한 곳에 있었고, 뒤쪽으로 10에이커의 부지와 또 그 뒤로는 10에이커의 숲이 있었습니다.

번개가 번쩍이고 천둥이 귀를 찢는 가운데 나는 뒷뜰을 지나 숲 속으로 들어갔습니다. 거의 쉴새없이 번쩍이는 번갯불만을 의지했을 뿐이죠. 나는 나무에 걸려 넘어지고 무성하게 자란 잡초에 발이 푹 푹 빠지면서도 걷고 또 걸어서 결국 집에서 1킬로나 떨어진 뒷뜰의 울타리까지 도달했습니다.

그렇지 않아도 맹렬한 폭풍이 더욱 거세지고 있었습니다. 나는 울타리의 맨 위쪽에 걸터앉았습니다. 비가 내 몸을 격렬하게 때리고 바람이 내 코트를 날려버릴 듯이 거세게 몰아쳤습니다. 그렇지만 내 마음은 따스한 충실감으로 가득했습니다. 폭풍에 싸움을 건 자기가 이렇게 무사히 살아있다, 그 사실이 엄청나게 위대한 것처럼 느껴졌던 것입니다.

나는 먼저 걸어갔던 길을 되돌아왔습니다. 그렇지만 이번에는 울타리에 갔을 때의 절반 정도의 거리밖에 느껴지지 않았습니다. 나는 부모님이 눈치채지 않도록 살금살금 내 방으로 들어가 행복한 잠에 빠졌습니다. 폭풍이 잦아들기 전에 말입니다.

그 다음에 내가 시도한 것은 공원을 통과해 학교에 가는 길가에 있는 건물에 대한 공포심을 제거하는 것이었습니다.

그 건물은 과거에 댄스 파티가 열렸던 일도 있다고 하고, 파빌리온이라 불리고 있었습니다. 당시에는 이미 바깥쪽에 판자를 대고 못을 박았고, 귀신이 있다는 소문이 나돌아 마을 사람들은 거의 접근도 하지 않았습니다. 나도 그 건물 앞을 지날 때는 조금이라도 빨리,

제17장 실패에 꺾이지 말라

가능한 대로 먼 곳으로 있는 힘을 다해 도망쳤던 것입니다.

그러던 어느날 저녁, 나는 용기를 내어, 평소의 도로변 길이 아니라 이 건물 앞을 지나서 지름길을 택해 돌아오기로 했습니다.

나는 위세좋게 건물 주위를 한바퀴 돌고 안으로 들어갈만한 장소를 찾았습니다. 운좋게 한 장의 판자가 떨어져 나갈 듯이 되어 있었습니다. 그 판자를 뜯어내고 그 틈으로 나의 작은 몸을 밀어넣어 안으로 들어가는데 성공했습니다.

바닥이 삐그덕거렸습니다. 그 안을 한걸음 한걸음 걷는 것이 얼마나 무서웠던지. 나는 신경을 곤두세우고 끝에서 끝까지 걸었습니다. 그뿐만이 아닙니다. 다른 장소보다 훨씬 어둡고 금방이라도 무엇인가 나올듯한 좁고 긴 부엌까지 탐험했던 것입니다. 아무도 없는 그 건물 속을 혼자서 탐험하는 동안에 내 마음에 '이겼다'고 하는 그 감미로운 감정이 되살아난 것입니다.

이 두 가지 경험은 88세인 오늘에 이르기까지 내 인생에 지대한 영향을 주었습니다. 나에게 이 두 가지 모험——단순하지만 의미깊은 모험을 실행하는 용기를 주신 것은 신일까요. 나로서는 알 수 없습니다. 그렇지만 공포심을 극복한 자기에 대한 신뢰와 그것을 지켜준 어떤 것을 믿는 마음이, 병에 걸리는가 하면 죽음에 직면하는 일도 있는 인생의 여러 가지 국면에서 나에게 용기를 부여해준 것은 분명합니다. 나는 그것을 매우 고맙다고 생각합니다."

우리들은 스스로 생각하고 있는 이상으로 일을 처리하는 능력과 곤란을 극복하는 능력을 갖추고 있는 것이다.

제18장 어떻게 나이를 먹는가

마음가짐 하나로 '자극에 찬 생활'도
'충실한 생활'도 손에 넣을 수 있다

'나이를 먹으면 운전을 그만두겠다'고 대답한 94세의 여성

여배우 마리 도레슬라는 언젠가 이렇게 말했다.
"문제는 얼마나 나이를 먹었느냐가 아니라 어떻게 나이를 먹었느냐 하는 것이겠지요."
불과 이 한마디의 말에 얼마나 깊은 의미가 담겨 있는가?
우리들 주위에는 인생이라는 간판을 내리고 구석진 자리에서 무력하게 살고 있는 노인이 있다. 자기들의 일은 끝났다, 이제 내가 나설 무대는 없다, 나에게는 매력도 없고 해야할 일도 없다. 몸도 말을 안듣는다. 그렇게 생각하는 사람들이다. 그들은 자기에 대하여 가련하다, 비참하다고 생각하고, 다른 사람에게도 동정해 주기를 바

제18장 어떻게 나이를 먹는가

라고 있다.

그 한편으로 나이를 먹고서도 언제나 활력을 잃지 않고 살아가는 기쁨을 만끽하는 듯이 보이는 노인이 있다. 자기가 이젠 젊지 않다는 것을 흔쾌히 인정하고 괜한 걱정을 하지 않는 사람들이다. 이러한 사람들은 자기에게는 경험도 있고 지혜도 있다. 정신적으로도 성숙하고 있다. 창조성도 풍부하고 재기도 활발하다. 그렇게 생각하고 있다. 그리고 대개는 그것도 사실이다.

성서에 약속되어 있는 70년이라는 시간을 넘기고서도 여전히 눈에는 보이지 않는 이상한 힘이 이 사람들의 기력을 북돋고 있는 것이다.

그 '눈에 보이지 않는 이상한 힘'이란 무엇일까. 나는 그것도 플러스 인자의 한가지 표현이라고 생각한다.

나 자신, 성서에 쓰여져 있는 약속의 70년은 벌써 지나가 버렸다. 그런 내가 이 멋진 '여생'에 대하여 꼭 말해두어야 하겠다고 느끼고 있는 것이 있다.

지금은 젊은 사람 중심의 세상이다. 텔레비전 상업광고를 보더라도 젊게 보이는 것이나 젊은 기분으로 몰아가는 것만이 화려하게 선전되고 있다. 잡지의 모델에 이르면 마치 방금 요람에서 빠져나온 것처럼 느껴진다.

확실히 젊은 사람에게는 솟구치는 듯한 에너지가 있다. 그러나 유감이지만 진정한 행복을 획득하기 위해 필요한 자질과 같은 것은 아직 몸에 익히지 못했다. 판단력, 평형감각, 지혜, 자제심, 경험, 그러한 것이다.

제18장 어떻게 나이를 먹는가

 나도 꽤 오랫동안 다양한 사람들을 만나고 헤어졌지만, 연배의 사람들이 젊은 사람보다 자기중심적 경향이 적은 것으로 느껴진다. 오래 살아온 만큼 사람을 사랑한 경험도 풍부하고, 인생에 대하여 이것저것 생각하는 일도 많았을 것이다. 일이 잘 풀리지 않았던 때도 좌절했던 시기도 있었을 것이다. 그러므로 나이든 사람들은 참아낸다고 하는 것을 알고 있다. 기다린다는 것을 알고 있다. 그리고 침착하다.

 다른 말로 표현하면, '여생'을 바라볼 수 있는 것도 또한 즐거움이 아닐 수 없고, 마음가짐 하나로 자극에 찬 생활도 충실한 생활도 가질 수 있다는 말이다.

 1908년, 켄터키 주 오엔즈배로에서 마틴 톰프슨이라는 여성이 스티븐스=두리에 식의 덮개형 관광자동차를 타고 시내의 번화가를 달려 일약 유명해진 일이 있다. 80년이 지난 지금도 여전히 그 흠잡을 데 없는 운전기록은 깨어지지 않았고, 지금도 그녀는 오엔즈배로의 영웅적 존재이다.

 그 마틴에게 언제쯤 운전을 그만두겠느냐고 물은 사람이 있었다. 그 때, 마틴 톰프슨은 약간 화가 난 목소리로 이렇게 대답했다고 한다.

 "나이를 먹으면."

 그 때, 그녀는 '약관' 94세였다고 한다.

 플러스 인자는 나이를 먹었다고 해서 없어지는 것은 아니다. 나이를 먹었더라도 눈이 휘둥그레질 정도의 멋진 일을 해낼 수 있다. 신은 우리들 한사람 한사람에게 똑같이 플러스 인자를 넣어주셨다. 플러스 인자의 작용에 차이가 나오는 것은 그것을 제대로 사용하는 사람과 사용하지 못하는 사람이 있는 것뿐이다.

어떻게 나이를 먹는가──9가지 힌트

'어떻게 나이를 먹는가'에 관하여 나의 경험에서 힌트가 될만한 것을 아래에 들어보겠다.

1. 과거를 돌아보지 않는다

항상 뒤만을 돌아보고 있는 노인이 있다. 이따금 뒤돌아보고 즐거웠던 추억에 잠기는 것은 좋은 일이다. 그렇지만 언제까지나 추억에 잠겨 있기만 하면 곤란하다. 앞을 보고, 이제부터의 일을 생각하고 그 가능성에 가슴 두근거리게 하는 것이 얼마나 멋진 일인지 모른다.

대첼 페이지 선수는 보통 선수보다도 훨씬 오랫동안 대표선수의 자리에 머물렀던 흑인 야구선수이다. 그의 입버릇은 이러했다.

"뒤를 돌아보면 안된다. 돌아보면 온갖 것들이 뒤쫓아온다."

페이지 선수는 '온갖 것들'이 무엇인지를 분명하게 말하지 않았으나 그의 마음에 있던 것은, 그대로 내버려 두는 것이 좋을, 지나간 거북한 추억이나 후회라는 것은 틀림이 없을 것이다.

오늘을 열심히 살아가기를 권하고 싶다.

2. 통풍이 잘 안되는 머리는 곰팡이가 핀다

제18장   어떻게 나이를 먹는가

시멘트처럼 딱딱하게 굳어버려서는 안된다. 세상은 변하고 풍습은 바뀌고 사고방식도 바뀐다. 그 변화에 대응할 수 있는 융통성을 갖추어야 할 것이다. 신념을 바꾸라는 말이 아니다. 새로운 사고방식도 흡수하는 것이 좋다는 말이다.

다양한 사람의 말을 듣는 것도 좋다. 자기와 다른 사고방식에도 귀를 기울여 보는 것이 좋다. 자기 사고의 한계를 넘을 수 있는 책을 읽어보는 것도 재미있을 것이다.

최근, 어느 비지니스맨이 이렇게 말하며 남을 비난하는 것을 얼핏 들었다.

"그 사람의 머리에는 강철로 만든 문짝이 붙어 있더라구요. 오래 전에 큰 소리를 내면서 닫혀버린 후로는 다시는 열지 않는 거예요."

그런 말을 듣지 않도록 유연성을 가져야 할 것이다.

스스로 생각을 거듭한 의견이나 가치관을 갖는 것은 크게 좋은 일이다. 그것이 옳다면 시대의 변화에도 따라갈 수 있을 것이다.

3. '할 수 없다'고 생각하지 말고 '할 수 있다'고 생각한다

나이를 먹는데 따라 이런 말을 하는 사람이 늘어나고 있다.

"나로서는 이제 할 수가 없어. 나이를 너무 먹었어."

"이젠 쓸모가 없어."

꼭 한가지 자신을 가지고 말할 수 있는 것이 있다. 사람은, 스스로 생각하고, 목소리를 내고, 원하는 것은 대개 그 기대대로 된다. 자기에게는 나이와 관계없이 아직 원기도 있고 기력도 충분히 있다. 그렇게 생각하면 그대로 되는 것이다.

제18장 어떻게 나이를 먹는가

올리버 웬델 홈스가 적절히 말했듯이, '40세의 노인보다 70세의 젊은이'인 것이다. 할 수 있다고 생각하자. 행복해지겠다고 생각하자.

4. 고독해지지 않는다

나이를 먹는데 따라 고독해지는 사람이 많다. 그때까지의 친구가 이 세상을 떠나거나 근처에서 떠나면 새로운 친구를 만들려고 하지 않는다. 사람들과의 접촉을 기대할 수 있는 자원봉사 활동에도 참가하려 하지 않는다.

이러한 사람들을 보고 있으면, 자기를 갈수록 고독으로 몰아넣고, 스스로 계속 불행해져 가고 있는 듯이 보인다.

그렇지만 당신이 그렇게 될 필요는 없다. 고독이라는 것은 근본적으로는 자기가 느끼는 것이다. 무엇에든 흥미를 가지고 항상 열성을 보이는 사람은 고독을 느끼고 있을 여가가 없고 자기를 가련하게 여길 여유도 없다.

고독에서 확실하게 빠져나오려면 곤란에 빠진 사람을 찾아서 그 사람의 힘이 되어주는 것도 좋은 방법이다.

5. 오감을 퇴화시키지 않는다

여기서는 감수성 운운하기보다 신이 우리 인간에게 평등하게 부여하신 오감이라는 것에 초점을 좁히고자 한다.

예를 들면 당신은 최근, 방금 잘라온 장미꽃을 얼굴 가까이 갖다 대고 그 향기로움에 취해본 일이 있는가. 밤에 별하늘을 바라본다는

제18장 어떻게 나이를 먹는가

목적만을 위해 밖으로 나가본 일이 있는가. 진심으로 음악에 귀를 기울이거나 시가에 가슴이 찡하게 떨리거나 황량한 해변에서 파도 소리에 귀를 기울이거나 한 일은 있는가.

손수 반죽해서 오븐에 넣어 갓 구워낸 따끈따끈한 빵에 입맛을 다시면서 금빛으로 반짝이는 낙엽 속을 복사뼈까지 파묻히면서 바스락거리는 소리를 내고 걸었던 것은 대체 언제였을까? 장작 타는 냄새를 가슴 가득히 빨아들이고, 기러기가 보름달이 환하게 비추는 하늘을 가로지르는 모습을 바라본 것은 또 언제쯤이었을까.

아마도 멀고먼 옛날의 일임에 틀림없을 것이다.

시력이나 청력 같은 것은 나이를 먹는데 따라 쇠약해질지도 모른다. 그렇지만 돋보기로 시력을 보완하면 석영의 결정을 보거나 꽃의 구조를 관찰할 수는 있다. 음량을 조금 올려서 마음에 드는 음악을 들을 수도 있다. 만일 이웃집 사람이 불평을 늘어놓는다면 그 사람들도 초대하여 함께 즐기면 된다. 때로는 아침 일찍 일어나 아침해가 떠오르는 모습을 보는 것도 좋다. 아침해를 감상하는데 돋보기는 필요치 않다.

나이를 먹었다고 하는 이유만으로 오감을 퇴화시켜서는 안된다.

6. 나이를 생각지 않고 산다

나의 친구로 86세에 시카고의 거대한 호텔 경영을 하고 있는 친구가 있다. 언젠가 강사로서 소개받은 나는 1500명이 모인 만찬회의 지휘를 맡고 있는 그 사람을 보고 부럽게 생각하면서 이렇게 말을 걸었다.

제18장 어떻게 나이를 먹는가

"프랭크, 당신은 대체 올해 춘추가 얼마입니까?"

"왜 그런 것을 묻고 있나. 방이나 서비스에 불만이라도 있었나?"

"그런 것은 아니지만…… 다만 나의 어머니와 함께 학교를 다녔다는 이야기가 생각나서요."

"이보게, 필. 열심히 살면 되는 거야. 나이 따위는 생각할 필요가 없어."

그렇게 말하고 프랭크는 이런 이야기를 했다. 거울을 볼 때, 자기는 이렇게 생각하고 있다. 거기에 비치고 있는 것은 '나이를 먹은' 프랭크 베링이 아니라 '연륜을 쌓은' 프랭크 베링이라고.

7. 인생의 간판을 내려서는 안된다

이것만은 분명하게 경고해 두고 싶다. 인생의 간판을 내려서는 플러스 인자는 서서히 사라져 버린다.

사물에 감동하는 마음을 잃어서는 안된다. 언제나 자극으로 찬 것, 훌륭한 것들 속에 자신을 놓아두도록. 그리고 항상 새로운 것에 도전해 주기 바란다.

나이를 먹었다고 해서 아무 것도 할 수 없다는 일은 결코 있을 수 없다. 우리들은 이렇게 배웠다. 티치아노가 「레판트 전쟁」을 묘사한 것은 98세 때였다. 베르디는 80대에 저 유명한 오페라 「아이다」를 작곡하고, 괴테나 톨스토이는 만년에도 위대한 작품을 남기고 있다고.

물론 우리들은 그들처럼 재기가 넘쳐나는 작품은 만들 수 없다. 그렇지만 살아있는 한, 무엇인가를 만들어낼 수는 있다.

깊이 머리에 새겨넣기 바란다. '인생은 당신이 버리지 않는 한 당신을 버리지는 않는다'는 것을.

8. 자기라는 것을 즐긴다

스트레스의 권위, 한스 세일 의학박사는 스트레스의 대부분이 본래의 자기가 아닌 어떤 사람이 되려고 하는 것에서부터 시작된다고 한다.

그렇지만 어느 정도 나이를 먹은 사람은, 이제 다른 사람이 어떻게 생각하는지 걱정할 필요도 없고, 의견도 자유롭게 말할 수 있다. 무리해서 타인에게 맞출 필요는 없다. 젊었을 때처럼 공격적으로 되거나 열심히 노력하거나 물질중심주의가 될 필요성은 없다. 마음만 있으면 남을 도울 시간도 충분히 있고, 또한 그러한 것을 하고자 하는 마음이 드는 것도 나이를 먹고나서다.

자기라는 것에 기쁨을 발견해낼 수 있는 한, 나이를 먹더라도 아직 무엇인가를 시작할 수 있고, 즐겁게 살아갈 수도 있다.

9. 그 날을 소중하게 산다

하루하루를 소중하게 여긴다. 날마다 힘껏 사는 것이다.

'자기에게는 이제 시간이 없다'고 하는 생각은 버려야 한다. 매일 얼마든지 기회가 있음에 눈을 돌리고 그것을 최대한 활용하는 것이다. 그렇게 하면 스스로도 놀라운 일을 할 수 있을 것이다.

제19장

인생을 어떻게 살아야 하는가

'진정한 행복'과
'성공'을 약속하는 인생의 근본 자세

인생의 근본자세 · 10항목

플러스 인자를 계속 작용시키기 위하여 나는 다음 10항목의 사고방식 · 생활방식을 실천할 것을 제창한다.

1. 적극적으로 생각한다.
2. 끈기를 가지고 분투한다.
3. 자신을 갖는다.
4. 진취적인 상상을 한다.
5. 기도한다.
6. 자기를 긍정적으로 본다.

7. 믿는다.
8. 사랑한다.
9. 노력한다.
10. 신을 믿는다.

위에 쓰여있는 순서일 필요는 없다. 그렇지만 이 모든 것이나 그 대부분을 습관적으로 채용해 나가면 당신의 플러스 인자는 항상 활동할 것이다. 그리고 기쁨과 만족에 찬 충실한 일생을 보낼 수 있을 것이다.

나는 이 방법을 매우 오랫동안 제창해 왔다. 나의 집으로 배달되는 편지는 거의 세계 각국에서 보내오는데, 그 다수가 내가 제창하는 이 10항목의 근본자세를 실천하고 매우 좋은 결과가 얻어졌다고 말하고 있다. 인생이 달라졌다, 그때까지 생각지도 못했던 행복과 성공이 초래되었다 등, 나의 조언이 도움이 되었다는 것을 열렬히 증언해 주고 있다.

이 마지막 장에서는 내가 천금의 가치가 있다고 단언하는 이 10항목의 근본자세가 얼마나 사람들에게 유용한가를 몇몇 증언을 통하여 전하고 싶다.

좌절했을 때의 재기방법에서 알 수 있는 인간의 가치

우선 현재 내셔널 풋볼 리그(NFL) 캔자스시티칩스의 쿼터백 코치, 우리들의 마음을 두근거리게 해주는 피트 매커레이의 이야기를 하겠다.

제19장 인생을 어떻게 살아야 하는가

　매커레이는 볼티모어코르츠, 워싱턴레드스킨즈의 리시버 코치로서 대성공을 거두고 프로 코치로서 활약하기 시작한지 18년만에 샌프란시스코 포티나이너즈의 헤드코치 자리에 영입되었다. 코치로서 최고의 꿈, 목표를 달성한 것이다.
　그런데 거기서 좌절해 버렸다. 스포츠계의 최고의 자리에서 전락한 것이다.
　이와 같은 역경, 충격적인 전락을 당하고서도 피트 매커레이의 플러스 인자는 휴식할 줄을 몰랐다.
　「팔로아르트타임즈」의 스포츠 기자, 에드 야코브스키는 이렇게 쓰고 있다.
　"매커레이는 위엄을 잃지 않고 퇴진했다. 그는 말한다. '나쁜 것은 다른 누구도 아니고 나 자신이다. 이 업계에서는 성공하느냐 실패하고 퇴진하느냐의 어느 한쪽이다. 책임을 남에게 뒤집어 씌우고 자기만 편하게 살아남을 수는 없다. 최고의 영예인 NFL 코치로서 찬스가 주어진다면 누구든 그때까지보다도 힘을 내려고 생각하는 것이 당연하다. 그렇지만 이것도 경험이다. 이제 끝났다. 이제 충분해.'
　확실히 이젠 끝났다고 보는 사람도 있을 것이다. 그렇지만 피트 매커레이의 경력은 끝나지 않았다. 이제부터 무엇을 한다 하더라도 그는 성공할 것이다. 피트 매커레이는 반드시 이긴다."
　이 말대로 프로 코치의 수완을 가진 피트 매커레이는 즉시 뉴욕 제츠의 톱코치로서 영입되었다.
　바로 그 무렵, 나에게 피트로부터 다음과 같은 편지가 도착했다. 그것은 진정한 왕자라고 부르기에 적합한 플러스 인자로 넘쳐흐르

제19장 인생을 어떻게 살아야 하는가

는 편지였다. 읽어보면 알겠지만 그는 내가 제창하는 10항목의 근본 자세를 실천함으로써 플러스 인자를 계속 작용시켰던 것이다.

  2년 전에 뉴욕제츠의 코치를 맡아 롱아일랜드로 이사했을 때는 솔직히 말해서 노래 가사에 있듯이 마음을 남겨두고 샌프란시스코를 뒤로 했습니다.
  아시는 바와 같이 나는 장년의 꿈이었던 샌프란시스코포티나이너즈라는 NFL의 헤드코치의 직책에서 해고당한 것입니다. 그것은 견딜 수 없이 고통스러운 사건으로 스스로도 너무 큰 침체로, 근본부터 사고방식을 바꿀 필요가 있다고 느꼈을 정도입니다.
  그렇지만 뉴욕에로 옮길 수 있었던 것은 다행스런 일이었습니다. 새로운 토지에서 상처입은 마음을 치유할 수 있었던 것입니다.
  코치로서 나는 갖가지 패배나 곤경을 극복해 왔습니다. 그러므로 진흙탕 속에 빠졌을 때에도 주머니 속을 뒤져 물고기가 들어있지는 않은지 확인할 정도의 강인함은 몸에 익히고 있었습니다. 그렇지만 그때만은 마음의 동요를 진정시키고 평안을 되찾는데 당신의 실천적인 조언이 필요했습니다.
  괴로움으로 응어리져 있던 나의 메마른 가슴에 연료를 주입해 주신 데 대해 감사 드립니다. 당신이 이끌어주신 길보다 더 나은 것은 없습니다.

피트 매커레이 드림

  현재 캔자스 주에서 어시스트코치로 일하고 있는 피트는 인생에

제19장 인생을 어떻게 살아야 하는가

도 풋볼에도 부침이 있다는 것을 깨달았다. 그것을 통해 매사를 진취적으로 파악하는 것을 익힌 것이다.

'역경'은 더 멋진 인생을 위해 내딛는 점프대로 생각하라!

살아가는데 있어서 가장 필요한 것은 역경을 지혜롭게 극복해내는 것이 아닐까. 내가 이 장의 첫머리에 예시한 10항목의 근본 자세는 인생을 장미빛으로 바꾸는 것이 아니다. 인생의 역경에 대비하여 자기를 단련해 두기 위한 것이다.

이 자세를 몸에 익히면 지금보다 좋은 인생, 멋진 인생, 때로는 대성공의 인생을 보내는 것은 사실이지만, 그 이상으로 역경에서 당신을 지탱해 줄 것이 틀림없다. 아무리 비참한 상황이 되더라도 일어서서 다시 한번 도전하는 용기를 줄 것이다. 적어도 나의 사무실로 배달되는 편지에는 그렇게 쓰여있다.

이 10항목의 근본자세 덕분에 파탄 직전의 결혼생활을 회복시킨 사람도 있다. 이것은 내가 몇 차례 강연여행으로 방문한 일이 있는 오스트레일리아에서 온 편지이다.

전략

나는 선생의 강연이 있었을 때 맨뒷자석을 간신히 입수하여 남편에게 데려다 달라고 졸랐습니다. 함께 선생의 진취적인 이야기를 듣고 싶었기 때문입니다.

남편은 결혼 이래, 쭉 부정적 사고방식으로 치우치는 경향이 있고

제19장 인생을 어떻게 살아야 하는가

불안에 빠지기 쉬운 사람이었습니다. 대가족 중 하나로 태어난 남편은 애정에 굶주려 있었던 것입니다.

우리들은 결혼한지 이미 30년이 지났습니다. 아이들도 다섯을 키웠습니다. 그렇지만 남편은 좋은 남편도 아니고 좋은 아버지도 아니었어요. 경제적으로도 그다지 넉넉하지 못했습니다. 3년 전에 심장발작을 일으켰지만 다행히 큰 위기 없이 회복되었습니다.

나는 선생의 저서 『적극적 사고방식』을 참고로, 거기에 쓰여있는 몇가지 근본적 사고방식을 실천해 보기로 했습니다. 그러자 우리들의 결혼생활에 기적이 일어나기 시작한 것입니다.

덕분에 우리들 부부는 지금까지의 20년간보다 훨씬 친밀해졌습니다. 남편이 지금까지 예상도 하지 못했던 그런 인간으로 변한 것입니다. 나도 인생을 지금까지보다 훨씬 개방적인 것으로 느끼게 되었습니다. 선생의 덕분이라고 생각하고 감사드립니다.

선생의 강연은 매우 훌륭한 것이었습니다. 선생의 힘이 담긴 이야기에 회장의 우리들은 완전히 압도당했습니다. 모쪼록 앞으로도 많은 사람들을 위해 좋은 말씀을 전해 주십시오

이만 실례하겠습니다.

이 여성은 10항목의 근본자세를 참고로 하여 결혼생활의 위기를 극복하고 행복한 생활을 손에 넣었다. 그녀의 플러스 인자는 적극적으로 맞서고 기도하고 믿음으로써 이끌려나온 것이다.

곤란을 앞에 두고 부정적으로 되어서는 안된다. 이젠 틀렸다고 생각해서는 안된다. 그럴 때에는 우선 생각해야 한다. 머리를 회전시

켜 냉정하게 객관적으로 생각한다면 대처할 수 없는 일은 없다. 감정에 짓눌려서는 안된다. 눈앞의 곤경에 맞설 수 있는 힘과 통찰력과 지혜가 자기 내면에 있을 것이라고 긍정적으로 생각하고 기도할 것이다. 그러한 자세가 플러스 인자를 이끌어낼 것이다. 그리고 어떤 곤경도 극복하게 한다.

10항목의 근본자세를 몸에 익히는 것이 당신이 원래 갖추고 있는 능력을 가장 잘 이끌어내는 방법이다. 이런 식으로 인생에 맞붙으면 당신의 플러스의 힘이 여러 방면으로 신장하여 사물을 잘 처리해갈 수 있을 것이다.

이웃의 '꿈의 실현'에 조력하면 자기의 잔디도 아름다워진다

세상에는 자기가 그러한 삶의 태도를 취하고 있을 뿐만 아니라 다른 사람에게도 사랑과 배려심을 가지고 접하고, 그 존엄을 지키는 사랑의 신과 같은 사람이 있는데, 그러한 사람은 언제나 자기의 플러스 인자에서 특별한 힘을 내고 있는 듯이 보인다.

작가로서 알려지는 나의 옛 지기, 벤 스위트랜드는 많은 사람에게 사랑받고 존경받고 있다. 벤은 남을 위해 무엇인가를 하기 좋아하는 적극적인 사람으로, 많은 사람들의 힘이 되어주고 있다.

지금부터 이야기하는 것은, 어느날 밤, 샌프란시스코에서 저녁을 먹으면서 벤이 피력해준, 그가 어느 페인트 직공의 플러스 인자를 개발해준 이야기이다.

벤은 한때 존 도이스라는 남자에게 집의 페인트칠을 의뢰했다. 어

제19장 인생을 어떻게 살아야 하는가

느날 그 페인트공이 말했다.

"아주 좋군요. 나도 언젠가는 내 집을 갖는 것이 꿈입니다."

그 남자가 45세이고 처자도 있는 것을 알고 있던 벤은 왜 아직 집을 갖지 못했느냐고 물어 보았다. 그러자 존은 이렇게 비용이 많이 드는 시대에 두 아이를 키우는 데만도 얼마나 많은 비용이 드는가를 열거하여 설명하기 시작했다. 수입과 지출은 거의 플러스 마이너스 제로로, 도저히 집을 살만한 여유는 생기지 않는다는 것이다.

벤은 집안으로 들어가 잠시 후에 하나의 상자를 안고 나왔다. 그 것은 임시변통으로 만든 캔디상자에 포장을 씌운 간단한 저금통이었다. 벤은 경화는 없느냐고 물었다. 이상하게 생각하면서 존이 주머니에서 10센트 경화를 꺼내자 벤은 그것을 간이저금통의 가느다란 틈새로 집어넣고 상자를 건네주면서 말했다.

"이것이 당신의 집을 사는 길에의 첫걸음이 될 겝니다."

놀라운 표정을 짓고 있는 존에게 벤은 설명했다.

"당신은 저금을 하는 습관을 들여야만 합니다. 돈이 들어올 때마다 아무리 작은 돈이라도 그 일부를 이 저금통에 넣으면 됩니다. 약간의 돈이라도 쌓이고 쌓이면 큰 돈이 됩니다."

페인트공은 집으로 돌아갔으나 벤은 그가 반신반의하고 있다는 것을 알고 있었다.

그렇지만 그로부터 몇 년 후, 벤은 한 통의 이전 축하파티의 초대장을 받았다. 존과 부인으로부터의 것이었다. 새집은 그들의 필요를 채우는 것이었을 뿐만 아니라 그야말로 존다운 매력으로 가득찬 것이었다.

제19장 인생을 어떻게 살아야 하는가

존은 말했다. 집을 세우는데 가장 중요했던 것은 돈을 모으는 습관을 들이는 것이 아니었다. 그때까지의 '될 성싶지도 않다'고 하는 태도를 '할 수 있다'로 바꾸는 것을 익히는 것이었다. 그것에 따라 생활 전반의 태도도 바뀌었다. 캔디상자에서 돈이 넘치는 것을 보고 은행에 예금하러 다녀오고부터는, 존은 일을 더 많이 따내어 그것으로 번 돈은 전액 '건설자금'으로 돌리기로 했다는 것이다.

이렇게 해서 벤 스위트랜드는 존이라는 한 사람의 남자가 최초의 중요한 일보를 내딛어 플러스 인자를 움직이기 시작하는 것에 조력했던 것이다. 존의 플러스 인자는 살아가는 자세가 바뀐 지금도 여전히 활동하고 있음에 틀림없다.

이 벤처럼 '할 수 없다'를 '할 수 있다'로 바꾸는 것이 얼마나 중요한가를 인식시키는 것은 훌륭한 사랑의 행위이다. 그렇게 함으로써 당신은 그 사람의 특별한 재능을 끌어내고 있는 것이므로.

누군가가 능력의 범위 내에 있는 어떤 것이 되려고 할 때, 그 사람에게 관심을 가지고 손을 내밀어 주는 것은 높은 덕의 아름다운 행위이다. 그것에 의해 그 사람의 플러스 인자가 계속 작용하면 그 사람은 행복하고 충실한 생활을 보낼 수 있다. 그리고 그것은 그대로 손을 내밀었던 당신에게로 되돌아오는 것이다.

인생의 갖가지 산을 발견하고 적극적으로 올라가 보라

이 책이 결말에 가까워지는데 따라 내 마음에 선명하게 떠오르는 것이 있다. 그것은 스위스의 어느 교회에서 들은 목사의 말이다.

제19장 인생을 어떻게 살아야 하는가

체르마트에 체재하고 있던 어느 일요일, 나와 아내 루스는 마을의 중심에 있는 작은 교회로 발길을 돌렸다. 그날 아침의 예배를 맡고 있었던 것은 백발에 키가 큰 영국국교회의 목사로 혈관이 튀어나온 가늘고 표정 풍부한 손이 인상적이었다.

목사는 갓 주조한 경화처럼 한마디 한마디 또렷하게 발음하면서 아름다운 영국 영어로 기도서가 있는 부분을 읽더니 책을 덮고 설교대에서 내려와 중앙통로 가운데에 서서 잠시 개인적인 이야기에 귀를 기울여 달라고 말했다. 그 이야기가 언제까지나 마음에 남는 인상적인 것이었다.

"이 마을의 중앙에 작은 공동묘지가 있습니다. 거기에는 이 웅대한 마타호른과의 싸움에 패하고 잠든 등산가들의 묘가 있습니다. 그 몇몇 묘 위에는 그들이 애용하고 있던 피켈이 놓여 있습니다."

그렇게 말한 후에 목사는 우리들에게 질문했다.

"오늘 여러분은 왜 여기에 오셨습니까. 왜 나는 여기에 있는 것일까요. 제각기 여러 가지 목적이 있을 것입니다. 그렇지만 가장 큰 목적은, 자신은 깨닫지 못하고 있을지 모르지만, 산과 대화하기 위해, 위대한 자연의 가슴에 안기기 위해서가 아닐까요."

목사는 시편 제 121편을 낭독했다.

"나는 이 산 저 산 쳐다본다.

도움이 어디에서 오는가.

도움은 하늘과 땅을 만드신 주께서 온다."

교회 안은 정적에 잠겼다. 주위의 웅대한 산들이 우리를 조용히 감싸주고 있는 것이 느껴졌다. 산들이 우리의 마음 속에 소리도 없

제19장 인생을 어떻게 살아야 하는가

이 들어와 우리의 마음을 진정시키고, 평안하고 깨끗하게 해주고 있는 것이 느껴졌다. 거기에 있는 것은 이러한 산을 만드신 천지창조의 주인의 가슴에 안긴 조용함이고 평안인 것이다.

목사는 벽에 걸려있는 한 장의 플레이트를 가리켰다.

"저것이 무엇인지 아시겠습니까? 나에게는 저것은 단순한 플레이트가 아닙니다. 저것은 묘지에 잠들어 있는 몸도 마음도 있는 한 청년의 마음 그 자체입니다.

나는 그 영국 청년을 잘 알고 있습니다. 양친에 대해서도 알고 있습니다. 그 청년이 여기에 온 것은 그가 아직 20세 때였습니다. 마타호른의 정상을 목표로 자신을 가지고 등정하는 도중 밧줄이 끊어져 낙하했던 것입니다."

목사는 여기서 말을 끊었다. 침묵은 더욱 깊어졌다.

잠시 후에 목사는 다시 입을 열었다.

"그렇지만 이 발랄한, 전도양양한 젊은이의 인생은 이것으로 끝난 것일까요?

그 청년을 알고 있는 사람은 그렇게 생각지 않습니다. 그의 양친도 그렇게 생각지 않습니다. 나도 마찬가지입니다. 그 청년이 다른 사람들과 함께 잠들어 있는 공동묘지에는 이러한 말이 새겨진 비석이 있습니다.

'어리석은 자의 눈에는 여기에 잠든 사람은 죽은 듯이 보인다.'

죽음은 환영입니다. 근시안적인 사물의 파악방식입니다. 현자는 알 것입니다. 이 청년들은 산을 오르면서 죽은 것이다, 위로 위로 올라가면서 죽은 것이다. 그리고 지금도 여전히 조금이라도 위로 올

제19장 인생을 어떻게 살아야 하는가

라가려고 어딘가에서 열성적인 노력을 계속하고 있는 것이다, 라고."

여기서 다시 목사는 입을 다물었다. 작은 교회 안은 숨소리 하나 들리지 않았다. 목사는 계속했다.

"그러므로 여러분에게 이렇게 말씀드리고 싶습니다. 이 땅을 떠나 어딘가로 갈 때에는 꼭 산을 발견하고 그곳에 올라가 보십시오. 어려운 문제를 발견하고 그것을 극복해 주십시오. 장벽을 발견하고 그것을 극복해 주십시오.

우리들의 주위에는 우리에게 생명을 주고, 그것을 지탱해 주고 있는 우주의 힘이 있습니다. 거기에 자신을 맡겨 주십시오. 그 힘을 믿어 주십시오. '산을 향해 눈을 들라.' 정상을 유심히 보아 주십시오. 그리하면 반드시 힘이 넘쳐날 것입니다."

루스와 나는 감동하여 고양된 기분으로 교회를 나왔다.

모쪼록 자신의 힘——이성으로는 결론지을 수 없는 자기 몸속의 힘의 존재를 믿어 주십시오. 거기에서 인생을 바꾸는 힘이 나오는 것을 체험하십시오. 자기에게 주어진 플러스 인자를 힘껏 살리는 노력을 게을리하지 말기 바랍니다.

내가 이 책에 쓴 것을 마음에 새겨둔다면 당신의 인생에서 무엇이 일어나든 임기응변으로 대처할 수 있을 것입니다. 그리고 기품있고 당당하게 인생을 보낼 수 있을 것입니다.

자기실현—풍요한 인생 시리즈 13

1998년 11월 30일 초판 제1쇄 발행
2003년 3월 5일 초판 제2쇄 발행

저 자 노만 빈센트 필
역 자 노 윤 성
발행자 이 영 구
발행처 한마음사

서울 마포구 성산동 103-21
전화 (02) 3141-0361~4
FAX (02) 3141-0365
등록 1978. 11. 16. 번호 1-509

※잘못된 책은 구입한 서점이나 본사에서 바꾸어 드립니다.
ISBN 89 - 7800 - 054 - 5 03180